# CONSULTORIA EM ESTATÍSTICA

# CONSULTORIA EM ESTATÍSTICA

*Walcir Soares da Silva Junior*

Rua Clara Vendramin, 58 – Mossunguê
CEP 81200-170 – Curitiba – PR – Brasil
Fone: (41) 2106-4170
www.intersaberes.com
editora@intersaberes.com

| | |
|---|---|
| **Conselho editorial** | **Capa** |
| Dr. Alexandre Coutinho Pagliarini | Luana Machado Amaro |
| Dr.ª Elena Godoy | Madredus/Shutterstock |
| Dr. Neri dos Santos | **Projeto gráfico** |
| M.ª Maria Lúcia Prado Sabatella | Sílvio Gabriel Spannenberg |
| **Editora-chefe** | **Adaptação do projeto gráfico** |
| Lindsay Azambuja | Kátia Priscila Irokawa |
| **Gerente editorial** | **Diagramação** |
| Ariadne Nunes Wenger | Rafael Ramos Zanellato |
| **Assistente editorial** | **Equipe de** *design* |
| Daniela Viroli Pereira Pinto | Iná Trigo |
| **Preparação de originais** | **Iconografia** |
| Mille Foglie Soluções Editoriais | Regina Claudia Cruz Prestes |
| **Edição de texto** | Sandra Lopis da Silveira |
| Arte e Texto | |
| Tiago Krelling Marinaska | |

**Dados Internacionais de Catalogação na Publicação (CIP)**
**(Câmara Brasileira do Livro, SP, Brasil)**

Silva Junior, Walcir Soares da
  Consultoria em estatística / Walcir Soares da Silva Junior. -- Curitiba, PR : Editora Intersaberes, 2023.

  Bibliografia.
  ISBN 978-85-227-0493-4

  1. Estatística – Métodos 2. Estatística – Programas de computador 3. Serviços de consultoria I. Título.

23-151881                                                           CDD-519.5

**Índices para catálogo sistemático:**
1. Estatística aplicada    519.5

   Eliane de Freitas Leite – Bibliotecária – CRB 8/8415

1ª edição, 2023.
Foi feito o depósito legal.

Informamos que é de inteira responsabilidade do autor a emissão de conceitos.

Nenhuma parte desta publicação poderá ser reproduzida por qualquer meio ou forma sem a prévia autorização da Editora InterSaberes.

A violação dos direitos autorais é crime estabelecido na Lei n. 9.610/1998 e punido pelo art. 184 do Código Penal.

# Sumário

- 11 *Prefácio*
- 15 *Apresentação*
- 19 *Como aproveitar ao máximo este livro*
- 25 *Introdução*

### 29 Capítulo 1 – Conceitos iniciais (*framework*) sobre consultoria estatística
- 29 1.1 Noções fundamentais
- 45 1.2 Etapas de trabalho

### 69 Capítulo 2 – Determinação de escopo na contratação de consultoria
- 69 2.1 Abordagens avaliativas
- 76 2.2 Perfil e porte do contratante
- 79 2.3 Tipos de consultoria
- 81 2.4 Definição dos produtos
- 86 2.5 Definição dos honorários e das formas de pagamento
- 92 2.6 Princípios éticos norteadores

### 111 Capítulo 3 – Estratégias de planejamento
- 111 3.1 Planejamento da consultoria
- 137 3.2 Pré-análise dos dados

### 159 Capítulo 4 – Seleção de fontes bibliográficas e *softwares*
- 159 4.1 Pesquisa em fontes bibliográficas nacionais e internacionais
- 164 4.2 *Softwares* em estatística
- 169 4.3 Geração dos resultados da consultoria
- 187 4.4 Simulação

201 **Capítulo 5 – Discussão dos resultados**
201 5.1 Percurso para formular conclusões
204 5.2 Validade das conclusões
207 5.3 Discussão dos resultados
214 5.4 Ferramentas de análise de dados

233 **Capítulo 6 – Elaboração do relatório estatístico**
233 6.1 Construção do relatório estatístico
241 6.2 Formação de um modelo
246 6.3 Apresentação das informações do banco de dados
247 6.4 Apresentação dos resultados

261 *Considerações finais*
263 *Referências*
269 *Respostas*
275 *Sobre o autor*

*Aos meus alunos, a preciosa matéria-prima do meu trabalho.*

# Agradecimentos

*Aos meus pais, a fonte de minha existência.*

*Aos meus professores, que me deixaram esquecer a diferença entre a poesia e a econometria.*

*Aos meus alunos, que fazem as perguntas às quais sou compelido a responder, fazendo-me evoluir e aprimorar meus conhecimentos. Em especial, a Guilherme Teixeira, ex-orientando e colega economista brilhante.*

*"Estatísticos, assim como os artistas, têm o mau hábito de se apaixonar por seus modelos".*
*George E. P. Box*

# Prefácio

Abrir a caixa da estatística para todos os interessados em seus resultados, eis o objetivo pretendido e atendido pelo professor Dabliu, como é conhecido o autor Walcir Soares da Silva Junior. Aquilo que se tem de melhor na estatística descritiva ou inferencial e na matemática precisa ser assimilado como pensamento diário e de rotinas, como declaram os gigantes (Russel). Faz parte da alfabetização matemática desenvolver competências e habilidades como raciocinar, representar, comunicar e argumentar matematicamente, e isso é feito a fim de se favorecer o estabelecimento de conjecturas, a formulação e a resolução de problemas em uma variedade de contextos, utilizando conceitos, procedimentos, fatos e ferramentas matemáticas.

A leitura deste livro, do início ao fim, remete à aplicação prática de recomendações para aproximar ciência e mercado, sempre havendo esmero na tradução do acesso aos conhecimentos científicos.

Entre as linhas aqui escritas, é notória a experiência efetiva em consultoria. Tive o privilégio de trabalhar com o autor sendo a parte contratante, e ele, o consultor. Assim, ao ler seu texto pude reforçar o entendimento de que a consultoria é um processo e de que as habilidades e competências pessoais são basilares para todas as dimensões citadas no primeiro capítulo, da independência ao interesse, da ética à inteligência emocional, do raciocínio lógico à capacidade de comunicação.

Estamos inescapavelmente atrelados, em algum grau, àquilo que já se fez e produziu; afinal, não começamos do zero. Dabliu, ao se imaginar sobre o ombro de gigantes, apresenta de maneira didática e criativa conhecimentos sobre o mundo da consultoria estatística. Isso pode parecer algo simples, mas alcançar essa simplicidade na exposição conceitual exige grande esforço. Em diversas passagens, nota-se o empenho de propor reflexões e indicar caminhos mais adequados considerando-se recursos disponíveis e expectativas. Ao longo da obra, é perceptível, ainda, o emprego de uma estratégia comunicativa ampla e transparente.

É conveniente fazer o alerta de que o leitor deste livro não aprenderá todo o necessário para desenvolver modelos estatísticos ou aplicar a análise de dados, pois isso exige formação específica e anos de estudos. Não obstante, adquirirá conhecimentos muito valiosos como os relativos aos seguintes processos: planejamento de uma consultoria coerente com a explicitação de necessidades; avaliação de vantagens e desvantagens de cada tipo de consultoria; ponderação sobre alcance e validade das conclusões aplicadas nos processos de investigação e produção da consultoria; ferramentas indispensáveis a serem estudadas e utilizadas; e recursos para elaboração dos produtos de consultoria.

Trabalhar com Dabliu é tão motivador quanto ler seu texto. Por isso, acredito que este livro é de grande valia também para contratantes, porque ele orienta decisões quando se busca o apoio de um consultor. Com lucidez, rigor conceitual e atenção à comunicação acessível, o autor oferece um livro técnico agradável e relevante, capaz de, oxalá, fazer mais e mais pessoas compreenderem o modelo estatístico da realidade.

*Louise Ronconi de Nazareno*[1]
Técnica da Coordenação de Monitoramento e Avaliação
da Secretaria de Estado do Planejamento do Paraná

---

1 Socióloga, pesquisadora e servidora pública do Estado do Paraná, coautora do Índice de Vulnerabilidade das Famílias do Paraná (IVF-PR), usado para programas sociais. Participou dos processos de elaboração e escreveu o Plano Decenal de Assistência Social do Paraná em 2016. Integrou a equipe de elaboração do Plano Decenal dos Direitos da Criança e Adolescência do Paraná (2013), da revisão do Plano Estadual dos Direitos da Pessoa com Deficiência (2017) e desenvolveu o estudo situacional do Plano Estadual dos Direitos das Mulheres do Paraná (2022). Contribuiu para a migração dos processos físicos de cofinanciamento na construção da plataforma eletrônica Sistema de Acompanhamento do Cofinanciamento Estadual Fundo a Fundo (Siff) dos fundos estaduais da Assistência Social (Feas), para Infância e Adolescência (FIA) e dos Direitos do Idoso (Fipar).

# Apresentação

A estatística está muito presente no cotidiano das pessoas. É comum ouvir, por exemplo, palavras como "probabilidade", "aleatório", "chances", "correlação" serem usadas até mesmo em contextos formais sem que seu sentido científico seja contemplado. Na contemporaneidade, é enorme o volume dados produzidos diariamente, no entanto, a transformação destes em informação útil ainda é um problema enfrentado por pessoas físicas, empresas, governos, pesquisadores e entes de diferentes instituições. É por isso que os conhecedores da área da estatística estão em grande vantagem.

Nosso propósito é que este livro sirva como um guia para estudantes dos cursos de Estatística, Economia, Ciência de Dados e de áreas afins que desejam utilizar seus conhecimentos para resolver problemas práticos. Dirigimos, então, este texto aos que dominam ou, ao menos, são bons conhecedores da estatística aplicada, mas têm dificuldades de planejar uma pesquisa nessa área e conectar o público leigo aos resultados que tal ciência pode oferecer. Desde a definição do problema até à apresentação dos relatórios finais, ao se prestar uma consultoria estatística, são imprescindíveis empatia, organização e disciplina, além do conhecimento técnico.

É expressiva a disponibilidade no mercado editorial de livros de introdução à estatística, estatística básica, intermediária e avançada. A base teórica tradicional da estatística é bastante consolidada, e isso pode ser verificado em sumários de livros que contêm esses termos em seus títulos. O objetivo que norteia a construção desta obra que ora apresentamos é estimular o consultor em estatística a compartilhar saberes com as pessoas interessadas em seus resultados. Para tanto, é preciso que o consultor desenvolva uma abordagem planejada e sistemática, bem como uma linguagem didática. Ademais, ao aplicar com precisão seus conhecimentos técnicos, tem de viabilizar o acesso a seus resultados de maneira clara, narrativa e interessante. Mais importante do que a sofisticação dos modelos e das metodologias que o consultor estatístico conhece é sua capacidade de comunicar e garantir que seus resultados sejam úteis. Relatórios estatísticos existem para isso, mas a verdade é que raramente são consultados nas práticas diárias dos escritórios. Nosso interesse aqui é que você, leitor(a), na condição de consultor(a) consiga compor um relatório que realmente se faça útil e não fique esquecido em algum arquivo.

No Capítulo 1, comentaremos sobre as principais características de um processo de consultoria estatística, os conceitos da área e as características de um bom consultor. Também esclareceremos o que são o problema, o escopo e as principais restrições enfrentadas por um consultor em estatística.

O procedimento para definir o escopo do serviço de consultoria será o tema abordado no Capítulo 2. Nele, discorreremos sobre as abordagens avaliativas, o perfil e o porte do contratante, os tipos de consultoria, a definição dos produtos, a definição dos honorários e das formas de pagamento, os quais são fatores determinantes para o consultor iniciar seu planejamento. Ainda, trataremos dos princípios éticos que precisam nortear toda a atuação desse profissional.

No Capítulo 3, enfocaremos as estratégias de planejamento que devem ser adotadas pelo consultor para que ele possa conduzir os trabalhos, fornecer orientações e informações esclarecedoras para o contratante, além de obter os dados que embasarão sua análise. Nessa tarefa, o profissional tem de definir os processos e as etapas de trabalho e realizar a pré-análise dos dados, a fim de vislumbrar o cenário com o qual lidará visando ao objetivo da consultoria.

Para executar seu planejamento, o consultor tem de recorrer a um embasamento em fontes bibliográficas e lançar mão do uso de ferramentas que viabilizem seu trabalho. Por isso, dedicamos o Capítulo 4 a esses temas. Nele, explicaremos como se deve proceder à pesquisa em fontes nacionais e internacionais. Também apresentaremos os *softwares* mais utilizados em estatística. Ainda, detalharemos como ocorre a geração de resultados na consultoria e comentaremos como a técnica da simulação pode contribuir para esse trabalho.

No Capítulo 5, versaremos sobre a discussão de resultados, esclarecendo como são formuladas, validades e interpretadas as conclusões alcançadas pelo consultor. Complementarmente, clarificaremos por que as ferramentas de análises de dados são úteis nessa empreitada.

Por fim, no Capítulo 6, voltaremos nossa atenção para o relatório estatístico final, que é o produto esperado de toda prestação de consultoria. Assim é porque esse documento e as informações nele contidas subsidiam a tomada de decisão do contratante com relação ao objeto do consultoria: um problema identificado e para o qual se pretende obter solução. Para tratar desse relatório e da apresentação feita pelo consultor para o contratante e demais interessados, detalharemos como esse documento deve ser construído, como os modelos podem ser formados, como os bancos de dados compostos durante o processo podem ser apresentados ao ente contratante e como deve ser a apresentação dos resultados expressos no relatório.

Ansiamos que este material o(a) oriente a planejar, implementar e apresentar os resultados de uma consultoria estatística, discutindo desde as principais competências de um bom consultor, as principais características dos diversos tipos de consulente, os principais tipos de pesquisa e objetos de consultoria e todos os aspectos que devem ser considerados nesse desafio. Esperamos, portanto, que este livro acompanhe você desde as primeiras etapas práticas de como implementar uma consultoria de maneira sistemática e organizada até a entrega dos resultados sem excessos de linguagem acadêmico-científica e, indo ainda mais longe, apresentando resultados de maneira interessante e narrativa, que possam ser compreendidos e compartilhados com o maior número de interessados possível.

# COMO APROVEITAR AO MÁXIMO ESTE LIVRO

Empregamos nesta obra recursos que visam enriquecer seu aprendizado, facilitar a compreensão dos conteúdos e tornar a leitura mais dinâmica. Conheça a seguir cada uma dessas ferramentas e saiba como estão distribuídas no decorrer deste livro para bem aproveitá-las.

CONTEÚDOS DO CAPÍTULO:
- Consultoria estatística.
- Recepção do consulente.
- Identificação do problema.
- Delimitação do escopo.
- Delimitação de prazos.

APÓS O ESTUDO DESTE CAPÍTULO, VOCÊ SERÁ CAPAZ DE:
1. definir consultoria estatística e descrever as características principais do ente contratante e do consultor;
2. detalhar as etapas iniciais de um processo de consultoria e apontar aspectos importantes sobre os diferentes tipos de consultoria;
3. analisar o escopo de uma consultoria e os principais determinantes para um escopo bem-delimitado e adequado ao tipo de consultoria;

## CONTEÚDOS DO CAPÍTULO
Logo na abertura do capítulo, relacionamos os conteúdos que nele serão abordados.

## APÓS O ESTUDO DESTE CAPÍTULO, VOCÊ SERÁ CAPAZ DE:
Antes de iniciarmos nossa abordagem, listamos as habilidades trabalhadas no capítulo e os conhecimentos que você assimilará no decorrer do texto.

# Exemplificando

Disponibilizamos, nesta seção, exemplos para ilustrar conceitos e operações descritos ao longo do capítulo a fim de demonstrar como as noções de análise podem ser aplicadas.

# Estudo de caso

Nesta seção, relatamos situações reais ou fictícias que articulam a perspectiva teórica e o contexto prático da área de conhecimento ou do campo profissional em foco com o propósito de levá-lo a analisar tais problemáticas e a buscar soluções.

## Para saber mais

Sugerimos a leitura de diferentes conteúdos digitais e impressos para que você aprofunde sua aprendizagem e siga buscando conhecimento.

## Importante!

Algumas das informações centrais para a compreensão da obra aparecem nesta seção. Aproveite para refletir sobre os conteúdos apresentados.

## INDICAÇÕES CULTURAIS
Para ampliar seu repertório, indicamos conteúdos de diferentes naturezas que ensejam a reflexão sobre os assuntos estudados e contribuem para seu processo de aprendizagem.

## O QUE É
Nesta seção, destacamos definições e conceitos elementares para a compreensão dos tópicos do capítulo.

## Síntese
Ao final de cada capítulo, relacionamos as principais informações nele abordadas a fim de que você avalie as conclusões a que chegou, confirmando-as ou redefinindo-as.

## Exercícios resolvidos
Nesta seção, você acompanhará passo a passo a resolução de alguns problemas complexos que envolvem os assuntos trabalhados no capítulo.

## QUESTÕES PARA REVISÃO

Ao realizar estas atividades, você poderá rever os principais conceitos analisados. Ao final do livro, disponibilizamos as respostas às questões para a verificação de sua aprendizagem.

> **QUESTÕES PARA REVISÃO**
>
> 1) Qual forma de prospecção de clientes é preferencial para um consultor, a prospecção ativa ou a passiva? Justifique.
>
> 2) Quais são os dois principais fatores que atraem clientes para um serviço de consultoria? Como eles determinam essa atratividade?
>
> 3) (Cespe/STJ/Analista judiciário – 2015) Acerca do processo de mudança organizacional, do papel do agente de mudança e das características das organizações formais modernas, julgue o item que se segue.
>
> Em um processo de mudança planejado, o agente de mudanças será o responsável pela administração das atividades de mudança dentro da organização, podendo ser um executivo, um funcionário da organização ou mesmo um consultor externo.
>
> ( ) Certo
> ( ) Errado
>
> 4) (Cespe/Suframa/Assistente social – 2014) Acerca da assessoria e da consultoria no serviço social, julgue o item subsecutivo.
>
> Diferentemente do consultor, o assessor tem a prerrogativa de ser executor de ações, o que lhe exige, portanto, neutralidade no processo em que atua.
>
> ( ) Certo
> ( ) Errado

## QUESTÕES PARA REFLEXÃO

Ao propor estas questões, pretendemos estimular sua reflexão crítica sobre temas que ampliam a discussão dos conteúdos tratados no capítulo, contemplando ideias e experiências que podem ser compartilhadas com seus pares.

> 5) (Cespe/Inpi/Analista de planejamento – 2013) Em relação a mudança, desenvolvimento e ambiente organizacional, julgue os itens a seguir.
>
> Para que uma mudança organizacional seja bem-sucedida, é necessário que o agente de mudança seja um consultor externo, cuja atuação não seja influenciada pela cultura organizacional da empresa.
>
> ( ) Certo
> ( ) Errado
>
> **QUESTÕES PARA REFLEXÃO**
>
> 1) Considerando os campos de atuação em consultoria, você tem alguma especialidade? Se não, qual especialidade deseja desenvolver?
>
> 2) Como você avalia sua experiência em consultoria e como ela pode influenciar sua prospecção de novos clientes?
>
> 3) O que você faria como consultor para compreender as causas e as soluções de um problemas além da percepção dos indivíduos internos ao ente contratante?
>
> 4) Quais habilidades essenciais de um consultor você possui e quais precisa aprimorar?
>
> 5) Quais foram as falhas mais graves que você identificou ou cometeu durante a prestação de um serviço e o que faria de tudo para evitar em uma nova consultoria?

# Introdução

Toda consultoria estatística consiste em um processo científico. Uma organização, quando busca o serviço de consultoria, está convencida da importância dos dados na tomada de decisão. No entanto, é comum, principalmente em países em desenvolvimento como o Brasil, que empresas de estrutura familiar ou semifamiliar, em que um proprietário ou diretor toma decisões seguindo seu "tino para os negócios", lidem com problemas não totalmente compreendidos e, muitas vezes, resolvidos ao acaso, já que muitos desses gestores não sabem explicar suas escolhas de gestão. Não se pode afirmar que seja algo inequivocadamente prejudicial se valer do "tino" para tomar uma decisão de gestão, tampouco se pode assumir que os sentidos sejam altamente confiáveis no estabelecimento de padrões.

Nossa capacidade de generalizar, uma habilidade que permitiu a evolução da humanidade ao longo de milhares de anos, é também algo que obsta uma percepção mais apurada. Antes do desenvolvimento da ciência, atribuíamos causalidade a associações que hoje são unanimemente consideradas equivocadas. Desse modo, o desenvolvimento científico foi impulsionado pela demanda humana de ferramentas e técnicas que nos auxiliassem a extrapolar essas visões limitadas e limitantes. A estatística é uma aliada na tarefa de separar o que "parece" daquilo que realmente "é"; e quando alguém se dedica a seu estudo, pode ficar surpreso com a quantidade de "fatos" que podem ser derrubados com uma simples estatística descritiva.

É inegável que avaliar de maneira científica, tomar decisões baseadas em dados se tornou a prática "padrão ouro" das melhores empresas no mundo inteiro. Alguns autores, inclusive, afirmam que os dados são o "novo petróleo". Clichês à parte, com a disponibilidade atual de dados, transformá-los em informação tem sido prática cotidiana das empresas e organizações que se esforçam para se manter relevantes. Não obstante, é amplamente conhecida a distância entre a academia e o mercado. A estatística tem se tornado um dos elos entre esses dois universos.

## Conteúdos do capítulo:

- Consultoria estatística.
- Recepção do consulente.
- Identificação do problema.
- Delimitação do escopo.
- Delimitação de prazos.

## Após o estudo deste capítulo, você será capaz de:

1. definir consultoria estatística e descrever as características principais do ente contratante e do consultor;
2. detalhar as etapas iniciais de um processo de consultoria e apontar aspectos importantes sobre os diferentes tipos de consultoria;
3. analisar o escopo de uma consultoria e os principais determinantes para um escopo bem-delimitado e adequado ao tipo de consultoria;

# Conceitos iniciais (*framework*) sobre consultoria estatística

4. relatar a importância da definição do problema e citar os aspectos que devem ser levados em conta na elaboração desse elemento;
5. reconhecer a importância dos principais aspectos a serem considerados na definição dos prazos de uma consultoria.

## 1.1 Noções fundamentais

Segundo Iannini (1996, p. 19), "a consultoria é um serviço independente, imparcial, de esforços conjuntos e de aconselhamento". De acordo com Eltz e Veit (1999), a consultoria se caracteriza por um apoio especializado capaz de auxiliar a empresa na definição de estratégias que a conduzam a outro patamar, mais favorável.

Orlickas (2001) define consultoria como a prestação de um serviço a um cliente, por um profissional com qualificação e conhecimentos do tema notoriamente reconhecidos e associada a uma remuneração, que pode se dar por hora ou por projeto.

O Instituto Brasileiro dos Consultores de Organização (IBCO, 2017) define no art. 4º de seu estatuto que a consultoria é "a atividade que visa a investigação, identificação, estudo e solução de problemas gerais ou parciais, atinentes à estrutura, ao funcionamento e à administração de empresas em entidades privadas, públicas ou do terceiro setor".

Portanto, consultoria é um processo dinâmico no qual um consultor, mediante alguma forma de remuneração, empreende esforços de investigação e análise do contexto no qual um problema, projeto, programa, produto ou ente está inserido. Esses esforços devem capacitar o consultor a definir diagnósticos, com base nos quais ele deverá propor ações de intervenção com capacidade de transformar o cenário encontrado (real) em um cenário projetado (ideal).

Entretanto, o consultor precisa ter ciência de que não detém o poder efetivo de implementar tais ações de maneira direta, promovendo certas mudanças. A decisão de acatar e executar as ações propostas pelo consultor compete aos gestores da organização em análise, entre eles diretores, administradores, executivos, presidentes, entre outras posições de comando.

A consultoria é um processo dinâmico por duas razões: (1) porque, muitas vezes, conduz a conclusões obtidas mediante a observação de um cenário incompleto, em movimento, em constante mudança; e (2) porque envolve diferentes atividades, agentes e ferramentas em uma sequência de eventos com necessidades, dificuldades e complexidades variáveis.

No que concerne à primeira razão, o consultor pode ter a incumbência de observar, analisar, diagnosticar, extrair conclusões e propor mudanças com relação a um fenômeno enquanto ele acontece, o que tende a complexificar seu trabalho. Ainda, a disponibilidade de dados pode ser limitada, ou os dados disponíveis podem exigir processos diversos de padronização e preparação para a aplicação de ferramentas estatísticas.

No que concerne à segunda razão, um trabalho de consultoria pode abranger atividades como: planejamento, com pesquisa de mercado, escrita, leitura de artigos científicos etc.; coleta de dados e informações, incluindo entrevistas com gestores, funcionários, fornecedores e clientes, aplicação de formulário/questionário etc.; e exploração, manipulação, visualização e análise de dados.

Deve estar claro que o processo de consultoria envolve um **ente contratante** (também chamado *consulente*) e a figura do **consultor**. Nessa relação, este último agente tem diante de si uma tarefa complexa sob um posicionamento favorável e, ao mesmo tempo, desafiador: o de observar o cenário sob a perspectiva de *outsider* (alheio ao ambiente, vindo "de fora"), o que invariavelmente lhe confere uma visão diferente, com a responsabilidade de enxergar os problemas e suas soluções além da perspectiva dos indivíduos (da parte do consulente) que com eles já convivem cotidianamente.

As características do **ente contratante** podem variar quanto: à quantidade (individual ou um grupo de contratantes); ao porte (dimensão de atuação e de valores envolvidos); e à natureza (empresa privada, órgão do governo, ente não governamental, entre outros). Já a figura do **consultor** pode apresentar perfis diversos no que tange a experiência, especialidade, formação acadêmica, entre outros aspectos, além de poder variar no número de pessoas envolvidas na consultoria (consultor individual ou equipe de consultores).

Quanto às **ferramentas**, o consultor pode fazer uso de equipamentos próprios e/ou de posse ou fornecimento do ente contratante. Tais ferramentas podem ser: materiais (computador, telefone, impressora, veículo, documentos e livros físicos etc.), imateriais (*softwares*, documentos e arquivos digitais, plataformas ou *websites* etc.), recursos com restrição de acesso (cujo uso requer autorização, licença, pagamento ou acesso limitado), recursos sem restrição de acesso (de uso livre, gratuito e ilimitado) etc.

Cada consultoria e suas atividades-componentes podem lidar com necessidades específicas. Estas variam conforme: o uso de recursos (viagens, trabalho fora de horário comercial etc.); a complexidade de aplicação de metodologia e necessidades de resultados; a exigência de habilidades, conhecimentos, domínio de ferramentas e competências diversas; a complexidade e a quantidade das ações necessárias; a dimensão geográfica de atuação; e o uso de recursos e habilidades simultâneas.

Portanto, o processo de consultoria exige constantemente do consultor **habilidades** e **competências**. A seguir, detalhamos um breve rol delas:

- **Independência** – Significa ser capaz de planejar e executar suas ações sem a necessidade de orientação, direcionamento ou ordenamento de outras pessoas (independentemente de ser de outro consultor, do contratante de seu serviço ou de outro ente). Em suma, a consultoria sintetiza uma terceirização ou transferência da incumbência de identificar e solucionar um problema do consulente para o consultor. Assim sendo, a contratação do serviço de consultoria justifica-se, entre outros motivos, pela singularidade e autonomia (independência) da atuação do consultor, sem a qual ou em sendo insuficiente, a experiência do contratante relativa ao serviço é comprometida.

- **Imparcialidade** – Indica que é preciso se policiar constantemente a fim de neutralizar ou minimizar qualquer influência de suas preconcepções, de seus vieses particulares, do contratante ou de terceiros. A condução e os resultados do trabalho de consultoria devem ser os mais técnicos possíveis. Aqui, *técnico* significa abundante em profissionalismo, fundamentado em evidências lógicas e científicas.
- **Autocrítica** – Guarda relação com a capacidade de perceber as próprias falhas, limitações e dificuldades, e contorná-las sem comprometer a qualidade do trabalho. Um consultor que está conduzindo entrevistas com gestores de um programa ou projeto, por exemplo, precisa julgar a suficiência das informações que está coletando a fim de alcançar os objetivos do trabalho; se preciso, deve reformular o questionário das entrevistas e reconsiderar o método de contato etc.
- **Automotivação** – Corresponde à capacidade de manter-se motivado e focado em alcançar os objetivos do trabalho e buscar ideias e informações além da esfera habitual de atuação. A determinação, a positividade e a energia com que o consultor exerce seu trabalho são

fundamentais para transmitir uma boa impressão às pessoas, fortalecer sua reputação e garantir que terá condições de prosseguir com cada tentativa, possibilidade e oportunidade com o máximo de proveito.

- **Capacidade analítica** – Diz respeito à desenvoltura para observar detalhes, estabelecer conexões entre informações e propor soluções adequadas. Essa competência pode se manifestar quando o consultor levanta hipóteses (que se confirmam posteriormente ou não) com base na percepção de problemas e eventos próximos e relacionar essas hipóteses com os recursos metodológicos de que dispõe, considerando suas limitações e as características dos dados disponíveis.

- **Criatividade** – Relaciona-se com a capacidade de encontrar abordagens diferentes para lidar com imprevistos e obstáculos do percurso. Para além do sentido de inovação, de algo parcial ou totalmente sem precedentes, essa habilidade contribui para que o consultor se consolide como referência para seus pares e clientes. Cada contrato de consultoria contém possibilidades e desafios únicos, de modo que, muitas vezes, a criatividade pode ser determinante para o êxito do trabalho.

- **Inteligência emocional** – Corresponde ao controle das emoções a fim de garantir que estas não comprometam a qualidade do trabalho a ser realizado. Fatores como oscilação de humor, estresse, problemas familiares, sentimentos ou preocupações, não somente do consultor, mas também do ente contratante, podem comprometer o desempenho e, consequentemente, a qualidade dos trabalhos. Não é raro ter de lidar com a ansiedade do consulente, sendo necessário encontrar mecanismos para não se sentir pressionado a alterar seu planejamento inicial. Portanto, é fundamental que o consultor busque se blindar de tais fatores com o fito de se concentrar ao máximo no trabalho que precisa executar.

- **Desenvoltura comunicacional** – Concerne à necessidade de lidar constantemente com pessoas, com maior ou menor frequência, a depender do objeto da consultoria em questão, seja para fins de obter e/ou transmitir informações, seja para compreender as expectativas do ente contratante. Logo, ser capaz de captar e transmitir informações e ideias com objetividade e clareza é essencial para um bom consultor.
- **Habilidade de negociação** – Refere-se à necessidade de expor argumentos e convencer o contratante diante de certos impasses ou de ceder quando oportuno. Antes de ser contratada e até mesmo durante seu desenvolvimento, uma consultoria pode envolver diversas disparidades entre a demanda apresentada pelo contratante e a proposição oferecida pelo consultor. Essas dissonâncias podem ser decorrentes de valores para pagamento, exigência de prazos, circunstâncias de trabalho, pressão por determinados resultados etc. Sendo assim, o consultor precisa ter uma boa capacidade de persuasão, fazer concessões quando for conveniente e propor sugestões a fim de alcançar um acordo benéfico para ambas as partes (consultor e consulente).

- **Interesse** – Corresponde à atitude comportamental de se mostrar envolvido e engajado. Para transmitir confiança, agregar positividade a sua reputação e favorecer a qualidade dos trabalhos, o consultor deve demonstrar interesse no ente contratante, em suas necessidades e preferências etc. O consulente tem de perceber que o consultor está determinado a atender suas expectativas e alcançar os resultados esperados dentro do prazo estipulado. A confiança de que o produto será entregue no prazo, por mais que o contratante desconheça certos aspectos metodológicos do planejamento, é alcançada quando o consultor se mostra preocupado com a pontualidade e a diligência.
- **Aptidão para trabalho em equipe** – Refere-se à desenvoltura para desenvolver trabalho com outras pessoas que têm visões e interesses diferentes. O sucesso de um trabalho de consultoria depende também de uma interação harmoniosa entre consultor, consulente e demais agentes envolvidos. Essa interação requer do consultor empatia, capacidade de delegar tarefas e inteligência interpessoal. Muitas vezes, para cumprir prazos e/ou executar tarefas mais complexas, é preciso delegar funções, mas sem perder a noção de responsabilidade pelos resultados da consultoria.
- **Capacidade de gestão** – Guarda relação com as tarefas de elaborar e administrar o planejamento da consultoria. O uso de recursos, o controle de prazos e a qualidade do trabalho executado, entre outros aspectos, são de responsabilidade do consultor, ainda que este possa delegar

algumas etapas desse processo. O planejamento claro e o foco nas entregas nas datas previstas são incontornáveis para o consultor, que deve fazer a gestão do tempo da maneira mais eficiente possível.

- **Capacidade de raciocínio lógico** – Condiz com a capacidade de interpretar eventos e informações em estruturas lógicas, considerando todas as possibilidades e seus fatores determinantes. Esse raciocínio deve ser evidente nos produtos desenvolvidos e entregues, e deve estar fundamentado em literatura científica e resultados estatisticamente relevantes (seja em significância estatística, seja em magnitude).
- **Desenvoltura na comunicação escrita** – Corresponde à habilidade de transmitir mensagem clara e inequívoca por meio na modalidade escrita da língua. O processo da consultoria em estatística somente é materializado quando transformado em produtos escritos, como os relatórios preliminares e o relatório estatístico final. Logo, tal capacidade é determinante para a qualidade da entrega da consultoria. A preocupação em transmitir resultados legíveis e úteis para a tomada de decisão abrange, mais do que a capacidade técnica de interpretar modelos sofisticados, a capacidade de traduzir esses resultados em uma linguagem clara e interessante, até mesmo para pessoas leigas no assunto.
- **Autenticidade** – Relaciona-se com a desenvoltura para conduzir trabalhos com independência e originalidade, produzindo conhecimento e resultados verdadeiros, com aspectos implícitos ou explícitos de estilo particular de

atuação, o que confere singularidade ao trabalho. O consultor jamais deve copiar, plagiar ou usurpar um conteúdo de outrem, reclamando implícita ou explicitamente sua autoria, ou fazer uso de elementos dos quais não detém os direitos ou sem prestar o devido crédito.

- **Conduta ética** – Diz respeito a adoção de uma prática íntegra, coerente, transparente, livre de desvios legais (descumprimento de normas, legislações, decretos etc.), infralegais (regras sem cunho legislativo propriamente dito) ou morais (fazer ou deixar de fazer algo de modo a transmitir uma percepção negativa para as pessoas a sua volta).

Convém informar que esse conjunto de habilidades e competências socioemocionais requeridas de um consultor pode ser classificado em quatro dimensões, a saber: profissional, socioemocional, interpessoal e técnica. No Quadro 1.1, a seguir, apresentamos essa classificação.

**Quadro 1.1** – Habilidades e competências essenciais de um consultor

| Habilidade/competência | Dimensão |
|---|---|
| Independência | Profissional |
| Imparcialidade | |
| Autenticidade | |
| Conduta ética | |

*(continua)*

*(Quadro 1.1 – conclusão)*

| Habilidade/competência | Dimensão |
|---|---|
| Autocrítica | Socioemocional |
| Automotivação | |
| Inteligência emocional | |
| Desenvoltura comunicacional | Interpessoal |
| Habilidade de negociação | |
| Interesse | |
| Aptidão para trabalho em equipe | |
| Capacidade de gestão | Técnica |
| Capacidade de raciocínio lógico | |
| Desenvoltura na comunicação escrita | |
| Capacidade analítica | |
| Criatividade | |

## 1.1.1 Os três elementos basilares da consultoria

O processo de consultoria envolve, no mínimo, três elementos: (1) o consulente (ou ente contratante); (2) o consultor; e (3) o objeto da consultoria e seus pormenores.

O **consulente**, ou ente contratante, é o **agente passivo** e consumidor/usuário do serviço de consultoria, podendo ser uma pessoa física, um grupo de pessoas físicas individuais unidas por um propósito comum (grupo de investidores, amigos, sócios em um negócio etc.), um grupo familiar, uma instituição privada (empresa, grupo educacional, escritório etc.), uma instituição pública (empresa estatal, autarquia, fundação pública, órgão do Poder Executivo, entre outras), ou, até mesmo, uma entidade do terceiro setor (organizações da sociedade civil, organizações não governamentais – ONGs, entre outras).

Por sua vez, **consultor** é o **agente ativo** de uma consultoria, o ente que conduz os trabalhos de consultoria do início ao fim, passando por todos os seus estágios. Pode ter origem **externa** ao ente contratante, estando, portanto, completa e necessariamente alheio ao ambiente deste e, principalmente, do objeto da consultoria. Também pode atuar como agente **interno**, quando é de origem ou composição interna ao ambiente do ente contratante; permanecendo a ressalva de estar alheio ao objeto da consultoria. Sua formação acadêmica pode ser nos mais diferentes cursos, desde as áreas de gestão, como Estatística, Economia, Administração, Contabilidade e Finanças, até os cursos da área de Tecnologia da Informação (TI), como Ciência da Computação, Análise e Desenvolvimento de Sistemas, Ciência de Dados, Engenharia da Computação etc.

Conforme Block (2001, p. 2), o consultor "é a pessoa que por sua habilidade, postura e posição, tem poder de influência sobre pessoas, grupos e organizações, mas não tem poder direto para produzir mudanças ou programas de implementação". Sendo assim, podemos concluir que o consultor pode exercer influência graças ao conjunto de características pessoais que abriga em si (habilidade, especialidade, experiência, posição, entre outros) e por ser um especialista cuja autoridade é reconhecida em sua área (aspectos do ente contratante analisados pelo consultor e sobre os quais faz proposições), mas carece de poderes transformadores.

## Exemplificando

Em uma analogia, o papel desempenhado por um consultor é como o de uma pessoa responsável por observar o trajeto de um navio: ele (consultor) obtém informações valiosas ignoradas pelos demais tripulantes (integrantes do ente contratante), identifica obstáculos e problemas, e detecta pontos positivos. Todavia, quem toma a decisão de acatar suas instruções ou não é o capitão do navio (indivíduos em posição de gestão no âmbito do ente contratante).

Finalmente, **objeto de consultoria** é aquilo que é estudado e avaliado em uma consultoria. O consultor empreende esforços a fim de obter informações e resultados acerca desse objeto a serem fornecidos ao ente contratante. Pode compreender avaliação, mensuração ou análise qualitativa e/ou quantitativa de um problema, um projeto, um programa, um produto, o próprio ente contratante etc.

### 1.1.2 Princípios a serem observados

A consultoria deve ser regida por certos princípios, os quais detalhamos a seguir:

- **Atenção total ao contratante** – O trabalho e os produtos da consultoria devem primar pela satisfação das preferências, necessidades e exigências do consulente, na condição de cliente, contratante ou usuário. A observação desse princípio requer que o consultor conheça bem o ente contratante e que pratique a escuta ativa.

- **Melhoria contínua** – As soluções propostas devem estar centradas na premissa de que os processos precisam ser melhorados constantemente, de que sempre há algo a ser aperfeiçoado. Esse princípio pode ser aplicado à implementação das proposições do consultor, à condução dos trabalhos de consultoria, bem como à conduta e à carreira desse profissional.
- **Desenvolvimento humano** – Integra o escopo da consultoria a valorização dos recursos humanos disponíveis, a harmonia entre os indivíduos e sua interação ótima visando à produtividade. Isso inclui a percepção da complexidade das emoções e dos comportamentos humanos nos julgamentos e nas aferições inerentes á atividade em questão.
- **Inovação** – É de suma relevância criar mecanismos e/ou abordagens capazes de ajudar a superar os desafios encontrados e os imprevistos. Ainda, é preciso demonstrar que o serviço individual do consultor tem seus diferenciais, os quais viabilizam proporcionar uma experiência mais satisfatória ao contratante.
- **Uso da tecnologia** – A tecnologia é uma aliada na solução de problemas e no alcance de melhorias. Sendo assim, os recursos tecnológicos têm de ser empregados no sentido de otimizar a produtividade e a qualidade dos trabalhos e o consultor tem de estar sempre atualizado com novas ferramentas que possam tornar seu trabalho mais eficiente.

- **Sustentabilidade** – Os resultados da consultoria devem ser duráveis e viáveis no que se refere à manutenção de melhorias a longo prazo. Ninguém gosta de levar o carro para o conserto e, pouco tempo depois, ter de retornar à oficina por conta da incidência dos mesmos problemas; analogamente, isso também vale para a consultoria, ou seja, o consultor deve zelar para que os resultados obtidos e oferecidos ao contratante sejam consistentes e duradouros.

## 1.1.3 Condutas a serem evitadas

É preciso evitar a todo custo o cometimento de ações, atitudes ou a manifestação de características prejudiciais à boa relação entre as partes envolvidas em uma consultoria, bem como ao progresso, à qualidade e à utilidade dos resultados do trabalho desenvolvido. Para tanto, o consultor deve se abster de certas condutas, como as que listamos a seguir:

- **Apatia** – Verifica-se quando o consultor não dá a atenção devida às demandas do contratante, deixando de ouvir o consulente e não se colocando no lugar dele. Diante disso, o contratante não se sente acolhido pelo consultor, o que gera um clima de desconfiança e repulsa que pode culminar na não contratação ou descontinuação do serviço de consultoria.
- **Desdém** – Ocorre quando o consultor não adapta conclusões, resultados, descobertas ou qualquer outra informação associada ao trabalho de consultoria para

o consulente. Nesse caso, o consultor apenas entrega os resultados sem se certificar de que o consulente lhe compreende e entende os termos técnicos empregados ou agindo como se o contratante tivesse a obrigação de compreender tudo o que lhe é transmitido.

- **Má-vontade** – Observa-se quando o consultor conduz os trabalhos sem demonstrar real interesse no serviço, despendendo o mínimo esforço possível e concluindo os trabalhos a qualquer custo. Tal falha prejudica gravemente a qualidade do trabalho prestado e da relação com o contratante, além de manchar a reputação do consultor.
- **Frieza** – Constata-se quando o consultor não demonstra sensibilidade ou consideração pelas necessidades, dificuldades, preferências ou qualquer outra demanda feita pelo ente contratante. Nessa conduta, o consultor deixa de ser considerado um profissional que atua de modo humano e caloroso, aberto e sensível, e passa a ser visto como uma figura fechada e "robotizada", que distancia o consulente.
- **Rigidez** – É percebida quando o consultor não se demonstra flexível ou aberto a fazer adaptações ou concessões diante da realidade apresentada pelo consulente. Nesse caso, o consultor se restringe a seguir um protocolo pré-definido, desconsiderando se ele se encaixa ou não na realidade do contratante.

## 1.2 Etapas de trabalho

Para organizar sua atividade, o consultor deve ter em mente que sua atuação deve seguir certa ordenação de ações. Nas próximas seções, pormenorizaremos as principais etapas de trabalho em consultoria a serem observadas pelo profissional da área.

### 1.2.1 Prospecção de clientes

Os métodos para a prospecção de clientes, ou seja, a abordagem e o convencimento do cliente em potencial de que o serviço prestado pelo consultor é o mais adequado para solucionar seus problemas e para contribuir com o cumprimento de seus objetivos, se dividem em duas classes: (1) prospecção ativa; e (2) prospecção passiva. Detalharemos esses dois casos na sequência.

A **prospecção ativa** ocorre quando o consultor, mediante seu esforço ou investimento, divulga seu trabalho e seus benefícios por meio da ministração de palestras, conferências, publicações, distribuição de materiais de *marketing* e outros conteúdos. Essa tarefa pode ser empreendida em ambiente virtual (plataformas, *sites*, redes sociais, portfólio profissional) ou por meio da divulgação de seus trabalhos em outros meios profissionais, como aulas em universidade, palestras em empresas e organização de eventos.

> EXEMPLIFICANDO
>
> A manifestação de interesse e/ou inscrição em editais públicos pode ser considerada uma prospecção ativa, uma vez que o consultor, ou equipe delegada por ele, irá ativamente

> oferecer seus serviços para a implementação de uma consultoria específica, disponibilizando currículo, artigos publicados e informações complementares a respeito da capacidade técnica para se oferecer determinada consultoria.

Já a **prospecção passiva** de clientes ocorre quando novos clientes são atraídos para o trabalho do consultor de maneira indireta e involuntária, sem que este empreenda esforços para isso. A principal forma de prospecção passiva é a recomendação ou a divulgação informal de outros clientes que ficaram satisfeitos com seu serviço anteriormente e que, por algum motivo, tiveram a oportunidade e a vontade de indicá-lo a outras pessoas.

Obviamente, a prospecção passiva é a mais desejável, por dois motivos principais: (1) transmite mais confiança e orientação para potenciais clientes, uma vez que outra pessoa já passou pela experiência de contratar tal consultor e aprovou seu serviço; (2) é menos onerosa ao consultor em recursos financeiros, tempo e monitoramento de resultados, pois torna dispensável investir em divulgação ou realizar qualquer esforço para tal.

Existem, ainda, dois fatores que podem auxiliar no processo de prospecção de clientes: (1) a especialidade do consultor e (2) sua experiência.

O consultor deve ter desenvolvido alguma **especialidade** entre as mais diversas áreas de atuação em consultoria, por exemplo: análise e melhoria de processos, reestruturação de recursos humanos, avaliação de impacto (de um programa, produto, projeto etc.) e avaliação econômico-financeira. Isso é importante para que os resultados entregues ao consulente sejam os mais eficazes e peremptórios possíveis. Além disso, a especialidade do consultor o diferencia de seus colegas de profissão e o coloca em uma posição de destaque, na qual ele pode ser visto como o mais indicado para atender às expectativas do contratante com excelência em relação a outros consultores com atuação mais abrangente.

A **experiência** é o conjunto de perícias, conhecimentos práticos e habilidades acumuladas e adquiridas ao longo de vivências anteriores. O fato de o consultor ser experiente transmite segurança e confiança ao consulente, sinalizando que tem conhecimento profundo da situação com a qual lidará, que é capaz de produzir e entregar resultados no prazo esperado e que está habituado a oferecer aquele serviço.

Portanto, a especialidade e a experiência do consultor são decisivos para ele: atrair e fidelizar clientes; destacar-se entre seus concorrentes; atingir os objetivos da consultoria com qualidade e pontualidade; e determinar prazos a serem acordados com o contratante.

## 1.2.2 Preparação para o contato inicial

O principal guia das atividades a serem executadas por um consultor durante um processo de consultoria estatística é o **plano de trabalho**. Nesse plano, são definidas as etapas de todas as atividades da consultoria, metodologia e cronograma de entregas. No entanto, antes da elaboração desse documento, que consolida os pontos acordados na negociação com o consulente, é no contato inicial que peculiaridades de dada consultoria, como o alinhamento entre as demandas do consulente e as possibilidades técnicas do consultor, são estabelecidas.

O consultor precisa se preparar antevendo indagações, críticas ou impedimentos que possam surgir como obstáculo à contratação do serviço, sempre pensando na construção de um plano de trabalho adequado para ambas as partes. Para isso, deve pensar sobre cada etapa da negociação e seu respectivo conteúdo: apresentação de objetivos, preferências, necessidades, expectativa de resultados e de valores, entre outras.

Muitas vezes, especialmente para contratações públicas, o trabalho do consultor é guiado por um termo de referência, que estabelece prazo, quantidade de produtos, datas e valores para pagamento e objetivos da consultoria. Contudo, usualmente, essas definições devem ser sugeridas e/ou negociadas. Para tanto, o consultor precisa fazer a si mesmo perguntas como as listadas a seguir, a fim de garantir que o processo ocorra de maneira positiva e eficaz:

- Em que posso ceder para que um acordo seja firmado?
- O que posso exigir para que um acordo seja firmado?
- O acordo que se está desenhando é benéfico para ambas as partes?
- Os itens acordados entre as partes são suficientes para definir conteúdo, produtos, valores e prazos da consultoria com clareza?
- Quais são as vantagens e as desvantagens dos itens acordados sob a perspectiva do consultor? E sob a perspectiva do contratante?
- O tempo de contrato acordado será suficiente para a entrega de todos os produtos com o nível de qualidade desejado?

É imprescindível que o consultor tenha clareza sobre o tipo de consultoria que presta, podendo ser, por exemplo: com padrões genericamente predefinidos e com pouca ou nenhuma adaptação às especificidades do contratante; desenvolvida especificamente com base no caso do contratante; com escopo parcial; com escopo total etc.

O consultor pode também atuar em mais de um tipo de consultoria, desde que esses tipos sejam: em pequeno número; de sua especialidade; e contemplados com frequência e equilibrada rotatividade (a fim de garantir que o consultor tenha um grau semelhante de experiência em todos os tipos de consultoria em que atua). Mais importante ainda é que o profissional trabalhe sempre com um escopo adequado e bem-definido.

Um escopo definido de modo equivocado pode gerar falhas de comunicação e/ou interpretação, quando o consulente espera determinados produtos e resultados, e o consultor os entrega parcialmente, acreditando estar claro, no início da contratação, o que poderá ser entregue. As expectativas devem ser sempre acompanhadas, sendo pertinente fornecer relatórios preliminares que informem ao ente contratante os resultados previstos. Surpresas não são bem-vindas; portanto, os detalhes devem ser expressos claramente, contemplando todos os aspectos possíveis do processo de consultoria.

### 1.2.3 identificação do problema

Também antes da elaboração do plano de trabalho, o consultor precisa identificar e compreender bem o problema com o qual lidará ao longo da prestação do serviço de consultoria. É comum que, mesmo tomando a decisão de contratar uma consultoria estatística, o ente contratante não tenha detectado seu problema mediante perguntas de pesquisa. Logo, essa tarefa caberá ao consultor.

O problema pode ser identificado por meio de uma **pré-análise**, ou **análise diagnóstica**, cuja função é contextualizar os pontos fracos e fortes da organização. Tal análise pode ser executada mediante consulta de documentos, relatórios, dados disponíveis oriundos dos sistemas de operação da empresa, ou mesmo do termo de referência que guiará o trabalho do consultor. Pode, ainda, ser feita em entrevistas com gestores, funcionários, fornecedores e clientes, com o propósito de coletar dados preliminares e qualitativos.

A definição do problema é uma das fases mais importantes da consultoria, pois todo o trabalho, incluindo atividades onerosas como coleta de dados, preparação das bases de dados e análise propriamente dita, dependem das perguntas lançadas no início do processo.

Durante essa fase, o consultor deve empreender esforços para compreender com a máxima acurácia possível certas peculiaridades do ambiente do consulente, conforme expomos a seguir:

- **Contexto do objeto da consultoria** – Diz respeito à razão de ser do programa, projeto, produto, negócio ou ente analisado. Envolve o entendimento de como está organizado, de como funciona, de quais recursos depende e quais empecilhos o impedem de funcionar como deveria ou quais respostas precisam ser encontradas sobre ele.

- **Expectativas do contratante** – Compreendem os objetivos gerais e específicos do consulente, o cenário idealizado por ele e a ser supostamente alcançado ao final da prestação do serviço de consultoria, além da magnitude dos resultados esperados.
- **Especificações de produto** – Envolvem o tipo de material a ser entregue como produto dos trabalhos de consultoria (plano de trabalho, relatórios preliminares, relatório estatístico, bases de dados, dicionários de variáveis, *scripts*, *dashboards* etc.), a forma do produto a ser entregue (digital, físico, audiovisual, escrito etc.), os prazos (data de entrega dos resultados ou produtos de consultoria ou frequência de envio de resultados) e o pagamento (se por entrega preliminar ou somente no final etc.).
- **Profundidade** – Corresponde à dimensão de análise, incluindo aspectos do objeto que devem ou não ser analisados, a abrangência de detalhes referentes aos resultados esperados, e o período de referência a ser contemplado.
- **Insumos** – Referem-se aos recursos necessários para execução e conclusão da consultoria a ser realizada (autorização de acesso a um ambiente restrito, disponibilidade de veículo de transporte, equipamentos, material de escritório, acesso a *softwares* essenciais ao trabalho etc.). Também dizem respeito à suficiência e à adequação dos recursos, à profundidade e às especificações de produto.

- **Competências** – São as habilidades necessárias para a condução dos trabalhos de consultoria. Envolvem vantagens e desvantagens, pontos fortes e fracos, destaques e limitações do consultor perante os desafios impostos pelo trabalho a ser realizado e os resultados a serem atingidos pela consultoria.

Tendo clareza sobre tais elementos, o consultor tem subsídios para identificar o problema com o qual lidará. A identificação precisa do problema permite que o consultor conduza seus trabalhos com excelência, em consonância com as expectativas do contratante, minimizando erros e evitando obstáculos na execução do trabalho.

## 1.2.4 Delimitação do escopo

O planejamento é crucial para um trabalho de qualidade na consultoria, isto é, um serviço de excelência, que resolve o problema detectado e atende às expectativas do contratante.

O trabalho de consultoria divide-se em duas fases: (1) contextualização e (2) implementação.

É durante a **contextualização** que o consultor realiza a análise diagnóstica, a fim de identificar o problema-alvo (conhecimento do objeto, das expectativas do contratante, especificações de produto, profundidade, insumos e competências), conforme explicitamos há pouco. Além disso, nessa fase, o consultor realiza as tarefas expressas a seguir:

- **Inspeção de ambiente** – Consiste em observar o ambiente no qual a proposta de consultoria está inserida, com o intuito de compreender a cultura organizacional vigente, o relacionamento entre os fatores produtivos, a organização etc.
- **Deliberação de metas** – É a ação de, considerando-se o problema-alvo identificado e as expectativas do contratante, definir na proposta de trabalho os objetivos ou as metas a serem alcançados pela prestação da consultoria.
- **Deliberação de parâmetros** – Significa avaliar as especificações de produto e a profundidade do trabalho de consultoria ante as expectativas do consulente e determinar os parâmetros, critérios e paradigmas da consultoria a ser realizada.
- **Determinação de insumos** – Equivale a especificar para o contratante os recursos necessários para a realização do trabalho de consultoria, discriminando aqueles de sua posse e/ou aqueles que terão de ser fornecidos pelo consulente.
- **Definição de *staff*** – É estabelecer a(s) equipe(s) de trabalho a fim de determinar se realizará os trabalhos individualmente ou, havendo necessidade de mais pessoas, decidir a quantidade de colaboradores e as funções de cada integrante (provenientes do ente contratante ou não).
- **Gestão de recursos** – Envolve estabelecer critérios, prazos e diretrizes para o uso e/ou consumo dos recursos estipulados para a realização do trabalho de consultoria, visando garantir como cada recurso auxiliará a execução

da consultoria e a suficiência destes em viabilizar os trabalhos em longo do prazo.

- **Acordo de pagamento** – É a medida de, após verificação e negociação com o contratante, estabelecer os valores a serem pagos ao consultor pela realização da consultoria, bem como a modalidade, o método, a frequência e os critérios de pagamento.
- **Elaboração do plano de trabalho** – Corresponde à tarefa de sintetizar todas as informações captadas durante a identificação do problema-alvo e a contextualização da consultoria em um documento que formaliza o contexto da consultoria e contenha detalhes do trabalho a ser empreendido.

## 1.2.5 Delimitação de prazos

Os prazos são determinantes para todo e qualquer trabalho, e com a consultoria estatística não é diferente. O intervalo de tempo em que transcorrem o início, o meio e o fim de uma consultoria, bem como seus componentes (planejamento, atividades ou tarefas, desenvolvimento de produtos etc.), pode variar em razão de diversos fatores.

O contato inicial entre consultor e contratante e a exposição das necessidades e preferências deste último são balizadores para a definição de prazos. Além de considerar essas informações, para definir prazos, o consultor tem de se valer de suas experiências em trabalhos anteriores com área de atuação, perfil de contratante, atividades requeridas, utilização e/ou especificações de produto semelhantes ao trabalho a ser iniciado.

O profissional também deve levantar a possibilidade de haver imprevistos ou falhas inesperadas com base nesses trabalhos, a fim de estimar uma margem de prazo um pouco maior e/ou verificar a viabilidade dos objetivos propostos ao trabalho.

Ademais, o consultor tem de levar em conta a quantidade e a complexidade das atividades a serem realizadas, tendo clareza sobre: os processos que deverá executar a fim de alcançar os objetivos do trabalho; os recursos a serem providenciados e empregados; e a obtenção de licenças, contatos e fluxos burocráticos envolvidos na operacionalização da consultoria. Isso dará ao consultor um panorama mais nítido das especificidades de cada atividade no que se refere a sua dificuldade e ao tempo dedicado a ela.

Embora todas as atividades ou tarefas sejam importantes para se alcançar os resultados ou objetivos esperados para a consultoria, o consultor deve organizá-las com diferentes graus de prioridade. Essa organização pode ser orientada por: nível de dificuldade, complexidade, quantidade de recursos e tempo exigidos para cada atividade e etapa do trabalho.

Essa classificação de prioridades ajuda a manter, do início ao fim dos trabalhos, ferramentas-controle que vão desde simples planilhas até diagramas elaborados, que possibilitem o controle dos processos e o acompanhamento da conclusão das etapas de consultoria. A seguir, listamos alguns tipos de controle que podem ser utilizados para esses fins:

- **Controle da prioridade de cada atividade e de cada etapa** – O propósito é verificar se o tempo e o esforço dedicados estão sendo direcionados com maior ênfase às

atividades e etapas prioritárias, sem negligenciar, porém, aquelas de menor prioridade.
- **Controle do tempo reservado às atividades e etapas desempenhadas** – O objetivo é se certificar do cumprimento das atividades previstas para a consultoria no tempo preestabelecido. Isso permite averiguar se uma atividade está ultrapassando o prazo definido e, portanto, tomando parte do tempo que deveria ser dedicado a outra atividade, aumentando indevidamente o prazo total da consultoria.
- **Controle das atividades por objetivo** – Tem a finalidade de checar o cumprimento de resultados ou objetivos por atividade. Esse controle deve conter a listagem dos resultados alcançados em cada atividade ou etapa e a posição do intervalo de tempo empreendido em sua obtenção em relação ao prazo definido para cada atividade ou etapa. Assim, o consultor pode verificar a quantidade e identidade dos objetivos que alcançou, de maneira dinâmica e passível de intervenção, conforme os trabalhos se desenvolvem.
- **Controle do processo de atividades** – Visa documentar a duração de cada atividade, tempo em espera e tempo em execução e a duração de cada e de todo o processo. O consultor pode, alternativamente, utilizar, para esse fim, um fluxograma em que relacione as etapas de trabalho e o tempo estimado na execução de cada etapa. Com isso, tem subsídios para identificar as atividades que não foram iniciadas no prazo, as que iniciaram, mas

não foram concluídas, e as que tiveram seu devido início, meio e fim concluídos com êxito.

- **Controle de fatores interruptores** – Serve aos propósitos de identificar e listar as causas mais frequentes que levam à não conclusão de processos em seu estágio inicial, intermediário ou final. Munido dessa informação, o consultor pode adotar estratégias para combater e evitar que esses fatores atrapalhem novamente o andamento da consultoria.

Um dos motivos que podem obstar a conclusão de uma atividade, etapa ou processo no prazo estipulado é a **sobrecarga** do consultor. Nesse caso, o profissional precisa verificar quais alterações deve fazer em seu fluxo de trabalho para que seja capaz de realizar as tarefas necessárias em sua totalidade. Em caso de impossibilidade, o consultor pode e deve **delegar tarefas** a agentes auxiliares, a fim de reduzir a quantidade de afazeres simultâneos sob sua responsabilidade, favorecendo, assim, a qualidade e o cumprimento dos prazos de trabalho.

O consultor também pode **intensificar o uso de recursos, ferramentas ou artifícios de produtividade e gestão** a fim de garantir e viabilizar o devido cumprimento dos trabalhos definidos e reduzir desperdícios de tempo e recursos materiais, ainda que os trabalhos estejam progredindo conforme o esperado.

Alternativamente e de modo mais simples, o consultor pode **manter um controle do cumprimento ou realização de atividades ou etapas**. Esse controle deve compreender uma listagem com a comparação de tarefas, processos e atividades planejados e efetivamente realizados. Dessa forma, o consultor pode visualizar as incumbências já realizadas, as que permanecem pendentes, além de detectar os motivos de tal cenário e avaliar como está o andamento do trabalho.

## Para saber mais

OLIVEIRA, D. P. R. **Manual de consultoria empresarial**: conceitos, metodologia, práticas. 13. ed. São Paulo: Atlas, 2015.

Essa obra escrita por Djalma de Pinho Rebouças de Oliveira trata do universo da consultoria empresarial, o qual compartilha muitos elementos com o âmbito da consultoria em estatística. O autor discorre sobre o histórico da consultoria empresarial com uma linguagem clara e didática.

## O que é

- **Consultor** – Agente protagonista ou ativo de um trabalho de consultoria, sem poder efetivo de intervenção, que oferece, planeja, executa, administra e conclui o tratamento de um objeto de consultoria em serviço de um ente contratante ou consulente.
- **Ente contratante, empresa-cliente, contratante ou consulente** – Agente passivo de uma consultoria, que procura o consultor, apresenta suas demandas, contrata o serviço do consultor e recebe os produtos da consultoria.

- **Objeto de consultoria** – Tema central de uma consultoria, assunto, objeto ou ente sob análise em uma consultoria por parte do consultor.
- **Produto de consultoria** – Material, conteúdo ou objeto de qualquer natureza desenvolvido com base nos resultados de um trabalho de consultoria e cujo fornecimento parte do consultor para o consulente como contrapartida pela prestação do serviço de consultoria.
- **Especialidade** – Conjunto de conhecimentos teóricos em posse do consultor, que lhe confere informação e instrução sobrecomum para lidar com um determinado problema, tema, objeto, situação ou área de atuação de modo específico e aprofundado.
- **Experiência** – Conjunto de conhecimentos práticos acumulado ao longo do tempo em dada vivência com circunstâncias de trabalho semelhantes e repetidas vezes, bem como pelo aprendizado de erros e acertos em trabalhos anteriores em um mesmo tema ou área de atuação.
- **Circunstâncias de trabalho** – Todos os aspectos que compõem a estrutura sob a qual o trabalho de consultoria está configurado, como a remuneração, o prazo, as especificações de produto, a complexidade, a dificuldade, a profundidade, o uso ou consumo de recursos, as regras de trabalho, as partes envolvidas, entre outros aspectos.

## Síntese

Neste capítulo, explicamos que a consultoria é um processo dinâmico no qual um consultor, a serviço de um ente contratante, empreende esforços de análise e estudo sobre determinado problema-alvo ou objeto de consultoria com o objetivo de obter constatações cientificamente fundamentadas e elaborar propostas para uma transformação do cenário observado em um cenário idealizado.

A consultoria pode envolver ações de alta complexidade, dificuldade e variabilidade, que podem exigir do consultor habilidades como: independência, autocrítica, automotivação, capacidade analítica, criatividade, inteligência emocional, comunicação social, autenticidade e ética.

A conduta do consultor pode afetar, além de sua reputação individual, a cadeia na qual o serviço está inserido, razão pela qual o trabalho deve necessariamente se orientar por princípios como: atenção ao contratante, melhoria contínua, desenvolvimento humano, inovação, uso de tecnologia, sustentabilidade etc.

A atração de novos consumidores do serviço de consultoria pode ser feita mediante canais formais (como palestras, conferências, publicações, entrevistas, divulgação em materiais físicos etc.), canais digitais (redes sociais, *websites*, vídeos institucionais e outros conteúdos multimídia) e, principalmente, de maneira informal, pela recomendação pessoal de outros clientes.

A reputação e a qualidade, bem como a atração, a contratação e a condução dos trabalhos de um consultor dependem, entre outros fatores, de sua especialidade e experiência. A especialidade atesta que o consultor possui conhecimento teórico abundante e concentrado em determinada área ou tema. Já a experiência atesta que o conhecimento prático sobre tal área ou tema foi acumulado em diversas vivências semelhantes em tempos passados.

Toda consultoria tem ao menos duas grandes fases: (1) a caracterização, ou contextualização; e (2) a implementação, ou execução. Um trabalho de consultoria está centrado em um objeto ou problema-alvo, cuja identificação deve, durante o *input* da fase de contextualização, partir da sondagem de expectativas do contratante, especificações de produto, profundidade, insumos e competências requisitadas pelo trabalho a fim de alcançar o cumprimento de seus objetivos.

Portanto, o consultor deve, após o *input* da fase de contextualização, delimitar o escopo de seu trabalho, definindo com clareza aspectos como deliberação de metas, de parâmetros, de insumos e de *staff*, gestão de recursos, acordo de pagamento e elaboração do plano de trabalho.

Por fim, o consultor deve compreender os prazos mais adequados para os trabalhos de consultoria com base no contato inicial com o contratante e a sondagem de suas expectativas, necessidades e preferências. O consultor também pode estimar prazos para a consultoria como um todo e suas atividades componentes valendo-se de sua experiência em trabalhos semelhantes, reconhecendo assim a quantidade de atividades esperadas para o trabalho e suas respectivas complexidades. Ainda, pode recorrer a sua experiência para estimar uma margem maior para os prazos, visando prevenir imprevistos e adversidades.

Durante e após a definição dos prazos, o consultor deve manter rígidos controles de atividades realizadas por grau de prioridade, atividades realizadas por tempo, resultados alcançados por tempo, atividades realizadas por situação de conclusão, fatores-causadores de interrupções e controle do total de atividades realizadas por atividades planejadas. O profissional pode delegar tarefas, a fim de aliviar uma possível sobrecarga e melhorar a qualidade dos trabalhos, bem como recorrer a artifícios tecnológicos para evitar desperdícios e aumentar sua produtividade.

## Exercícios resolvidos

1) (Cespe/INSS/Analista do Seguro Social – 2016) Acerca das estratégias, dos instrumentos e das técnicas de intervenção utilizados pelo assistente social nos diferentes espaços sócio-ocupacionais, julgue o item seguinte.

   No desempenho de atividades como assessor ou consultor, espera-se que o assistente social realize o estudo da realidade e discuta as demandas e necessidades prioritárias, em conjunto com a equipe da instituição e(ou) dos movimentos sociais a que presta assessoria/consultoria.

   ( ) Certo
   ( ) Errado

   **Gabarito**: Certo

**Comentário**: Embora na questão seja empregada a nomenclatura *assistente social*, aplicando a descrição ao universo do consultor, o enunciado aponta um aspecto importante do contato inicial entre as partes de uma consultoria, na qual o consultor estuda e discute a realidade e as necessidades do ente receptor do serviço (Matos, 2009).

2) (Cesgranrio/Petrobras/Assistente social júnior – 2010) As fronteiras entre assessoria e consultoria não são facilmente delimitáveis e, por isso, os dois termos são frequentemente tomados como sinônimos; no entanto, os termos não podem ser compreendidos rigorosamente como equivalentes, uma vez que a(o)

   a. assessoria se distingue da consultoria, por sua menor duração temporal.
   b. conduta do consultor é necessariamente neutra, ao contrário daquela do assessor.
   c. trabalho do consultor é sempre precário e informal.
   d. assessor, à diferença do consultor, é sempre um agente externo.
   e. trabalho do consultor é mais pontual do que o do assessor.

**Gabarito**: e

**Comentário**: O consultor tem foco específico de atuação, analisando um objeto determinado e propondo intervenções em uma área específica. Já o assessor tem função mais ampla de prestar assistência, assessoramento e auxílio na condução de atividades e na elaboração de projetos.

3) (Cespe/UnB/Suframa/ Assistente social – 2014) Acerca da assessoria e da consultoria no serviço social, julgue o item subsecutivo.

No processo de consultoria, é imprescindível que a equipe solicitante já tenha elaborado um projeto de prática e indique questões pontuais que têm dificultado o encaminhamento do projeto e para as quais deseja respostas.

( ) Certo
( ) Errado

**Gabarito**: Certo

**Comentário**: A prestação do serviço de consultoria pressupõe que o consulente tem um projeto, programa ou qualquer outro elemento preexistente, o qual contém um problema-alvo a ser analisado por um consultor e/ou sobre o qual guarda perguntas para as quais deseja obter respostas mediante uma consultoria.

4) (Cespe/FUB/Auxiliar em Administração – 2016) Acerca de atendimento ao público e atendimento telefônico, julgue o item subsequente.

Para o cliente, o atendente é a personificação da empresa e, assim, atendimento ruim pode ser interpretado como falha da empresa.

( ) Certo
( ) Errado

**Gabarito**: Certo

**Comentário**: Quando o consultor está atendendo o ente contratante, ou empresa-cliente, ele está representando seu serviço, sua própria marca ou a empresa de consultoria na qual trabalha. Logo, um atendimento ruim de sua parte pode ser interpretado como uma falha da consultoria, causando prejuízos a sua reputação.

5) (Vunesp/Câmara Municipal de Jaboticabal/Agente de Administração – 2015) O processo de demonstrar interesse e atenção personalizada ao cliente/usuário, colocando-se em seu lugar, é chamado de

a. empatia.
b. responsabilidade.
c. simpatia.
d. solidariedade.
e. confiança.

**Gabarito**: a

**Comentário**: Empatia é a "capacidade de se colocar no lugar de outra pessoa, buscando agir ou pensar da forma como ela pensaria ou agiria" (Empatia, 2023). A fim de ter um bom contato inicial com o ente contratante e compreender melhor suas demandas e preferências, o consultor precisa ter empatia com o consulente diante da situação apresentada por ele.

## Questões para revisão

1) Qual forma de prospecção de clientes é preferencial para um consultor, a prospecção ativa ou a passiva? Justifique.

2) Quais são os dois principais fatores que atraem clientes para um serviço de consultoria? Como eles determinam essa atratividade?

3) (Cespe/STJ/Analista judiciário – 2015) Acerca do processo de mudança organizacional, do papel do agente de mudança e das características das organizações formais modernas, julgue o item que se segue.

Em um processo de mudança planejado, o agente de mudanças será o responsável pela administração das atividades de mudança dentro da organização, podendo ser um executivo, um funcionário da organização ou mesmo um consultor externo.

( ) Certo
( ) Errado

4) (Cespe/Suframa/Assistente social – 2014) Acerca da assessoria e da consultoria no serviço social, julgue o item subsecutivo.

Diferentemente do consultor, o assessor tem a prerrogativa de ser executor de ações, o que lhe exige, portanto, neutralidade no processo em que atua.

( ) Certo
( ) Errado

5) (Cespe/Inpi/Analista de planejamento – 2013) Em relação a mudança, desenvolvimento e ambiente organizacional, julgue os itens a seguir.

Para que uma mudança organizacional seja bem-sucedida, é necessário que o agente de mudança seja um consultor externo, cuja atuação não seja influenciada pela cultura organizacional da empresa.

( ) Certo
( ) Errado

## QUESTÕES PARA REFLEXÃO

1) Considerando os campos de atuação em consultoria, você tem alguma especialidade? Se não, qual especialidade deseja desenvolver?

2) Como você avalia sua experiência em consultoria e como ela pode influenciar sua prospecção de novos clientes?

3) O que você faria como consultor para compreender as causas e as soluções de um problema além da percepção dos indivíduos internos ao ente contratante?

4) Quais habilidades essenciais de um consultor você possui e quais precisa aprimorar?

5) Quais foram as falhas mais graves que você identificou ou cometeu durante a prestação de um serviço e que faria de tudo para evitar em uma nova consultoria?

## Conteúdos do capítulo:

- As três abordagens avaliativas em consultoria.
- Definição dos produtos.
- Definição dos honorários e das formas de pagamento.
- Princípios éticos na pesquisa científica.

## Após o estudo deste capítulo, você será capaz de:

1. descrever as três abordagens avaliativas em consultoria, quais sejam, avaliações qualitativa, quantitativa e de impacto;
2. indicar as principais atividades, habilidades e produtos associados a cada um dos tipos de consultoria;
3. analisar os perfis de contratantes e as circunstâncias de trabalho associadas a eles;
4. diferenciar os principais produtos de consultoria, fatores e formas de remuneração associadas;
5. reconhecer a importância dos princípios éticos do consultor.

# 2

# Determinação de escopo na contratação de consultoria

## 2.1 Abordagens avaliativas

Existem três abordagens em uma consultoria estatística: (1) a avaliação qualitativa, (2) a avaliação quantitativa e (3) a avaliação de impacto. Estas podem ser concentradas: em um programa governamental; em um projeto de uma organização não governamental (ONG); no desempenho de uma campanha de publicidade; nas finanças de uma empresa, de um produto ou serviço; na influência de diversas variáveis sobre determinados indicadores de resultado etc.

Segundo Minayo (2011), a realidade pode ser conhecida por meio de **dados subjetivos** e **objetivos**, sendo essas duas esferas inseparáveis e interdependentes. Malgrado as avaliações quantitativas – que podem gerar medidas de erro-padrão e significância estatística associados aos resultados – sejam comumente vistas como mais robustas, as avaliações qualitativas apresentam maior riqueza de informações e contornam melhor as limitações dos dados objetivos. Portanto, ainda que muito diferentes, ambas têm seu grau de importância e efetividade em uma consultoria estatística.

Por essa razão, para a definição do escopo de uma consultoria, o consultor precisa ter em mente a natureza do objeto a ser analisado. Isso se deve ao fato de que os recursos, as metodologias e as habilidades requeridas no serviço serão específicas para o objeto em questão, sendo esperado também que se obtenham resultados e produtos adequados ao caso em análise, mas não a outros.

Consideremos, por exemplo, uma consultoria centrada na **avaliação qualitativa** do impacto de um programa, iniciativa ou projeto, cujo objetivo é compreender a constatação e a documentação das mudanças qualitativas, vantagens e desvantagens e sua manifestação antes, durante e depois da existência ou implementação do objeto. Tal consultoria pode envolver o estudo sobre a história do objeto em questão, sua estrutura organizacional e seu financiamento, entrevistas ou depoimentos de agentes ativos do programa (gestores, coordenadores, operadores, entre outros) e agentes passivos do programa (beneficiários, ex-beneficiários, pessoas próximas a esses agentes etc.), observação e comparação com outros objetos semelhantes em andamento ou concluídos na mesma localidade ou em localidade diferente, entre diversas outras abordagens. Por ter caráter qualitativo, uma consultoria desse tipo tende a exigir do consultor um conjunto de habilidades e metodologias diferente do exigido em uma avaliação quantitativa, envolvendo habilidades interpessoais, de comunicação, de diálogo, de persuasão, de gestão, de intuição, escrita e leitura, entre outras, além de produtos mais centrados no processo do que nos resultados.

Portanto, as etapas de uma consultoria de avaliação qualitativa poderão envolver relativa e consideravelmente mais elementos, como reuniões e entrevistas com gestores das mais diferentes esferas, entrevistas com fornecedores, funcionários e consumidores, coletas de dados objetivos etc. O principal produto desse tipo de consultoria é o **relatório estatístico final**, documento em que se descrevem os processos da pesquisa, os resultados, a revisão bibliográfica, as estatísticas descritivas dos dados objetivos coletados, questionários aplicados etc. No entanto, por sua natureza, a consultoria pode gerar produtos complementares, como assessorias (acompanhamento, apoio, auxílio ou intermediação), aconselhamentos ou direcionamentos (orientações independentes do consultor ao consulente), treinamento, palestras, transcrições de entrevistas, descrições narrativas, entre outros elementos que contribuam para uma melhor compreensão desses aspectos qualitativos.

Ora, tomemos como exemplo uma consultoria centrada em uma **avaliação quantitativa** para relacionar diversas variáveis a indicadores de resultado ou desempenho. O intuito desse trabalho é tornar conhecidas as características quantitativas capazes de influenciar, positiva ou negativamente, os resultados ou o desempenho de um programa, projeto, produto ou empresa; adicionalmente, o propósito é mensurar esses relacionamentos e apresentar sua significância estatística e relevância em magnitude.

Apesar de parecer mais complexa – e o é, do ponto de vista metodológico –, a avaliação quantitativa é mais simples, pois envolve a análise de dados quantitativos e os resultados são obtidos de modelos estimados, diferentemente da avaliação qualitativa, em que o esforço intelectual do consultor na interpretação dos resultados é muito maior. Esse tipo de consultoria exige significativamente mais acesso a dados e aspectos quantitativos relativos ao objeto da consultoria e envolve, com maior frequência e/ou intensidade, atividades como coleta de dados, uso de métodos quantitativos, exploração e manipulação de dados, construção de indicadores, representação visual de dados, entre outras ações.

Sendo assim, o consultor precisa de habilidades voltadas à análise de medidas de estatísticas descritivas, conhecimento sobre números-índices, matemática financeira, raciocínio lógico, ferramentas de exploração, manipulação, análise e visualização de dados, *softwares* estatísticos e linguagem de programação, a depender da temática específica da consultoria.

O(s) resultado(s) ou produto(s) desse tipo de consultoria têm enfoque em aspectos quantitativos, priorizando a divulgação de resultados numéricos e a descrição das metodologias, além de avaliações de diagnóstico e robustez. A entrega final também se concentra no relatório estatístico, mas pode ser complementada com relatórios preliminares entregues durante os processamentos parciais dos dados, matrizes de resultados, bases de dados, questionários de dados primários, dicionários de variáveis, *scripts*, *dashboards* interativos e outros produtos.

Apesar de as abordagens serem muito distintas, Minayo (2011) recomenda a triangulação de métodos objetivos e subjetivos para aproveitar vantagens das duas abordagens. Ainda que sejam raras as avaliações que utilizem em mesmo grau ambas as abordagens – por serem custosas e, muitas vezes, não viáveis por causa da disponibilidade de dados –, uma análise quantitativa pode explorar elementos qualitativos e vice-versa.

Por fim, um tipo bastante específico de consultoria é a **avaliação quantitativa de impacto** ou efeito de uma política pública, um programa governamental, um projeto, uma iniciativa ou outro empreendimento. O foco recai na palavra *impacto*, que significa, mais do que uma associação ou correlação, uma causalidade. Assim sendo, o intuito é verificar a existência e quantificar as mudanças (em um cenário antes e depois) associadas a participação, exposição, implementação ou funcionamento do empreendimento em questão.

> ### Exemplificando
>
> Mimetizando as pesquisas na área da medicina, esse tipo de avaliação permite comparar um grupo de **tratamento** (exposto à intervenção) a um grupo de **controle** (não exposto à intervenção, mas comparável com o grupo de tratamento por suas características). Em **pesquisas experimentais** desse tipo, os indivíduos de ambos os grupos precisam ser idênticos, o que exige que a escolha dos indivíduos de cada grupo seja feita de maneira aleatória (por sorteio, por exemplo). Dada a dificuldade de viabilizar pesquisas experimentais, existem alguns métodos que mimetizam essa ideia utilizando estatística, chamados ***métodos quasi-experimentais***.

Por se tratar de uma avaliação quantitativa de caráter causal, na qual o efeito mensurado é atribuído como consequência do objeto de estudo, esse tipo de consultoria pode apresentar ainda maior complexidade, dificuldade e restrição de recursos. Uma avaliação quantitativa de impacto pode exigir microdados para cada unidade de atuação do empreendimento (município, indivíduo, família, bairro etc.), além de dados referentes a características específicas de tais unidades em períodos de referência distintos (antes, durante e/ou após o evento analisado).

A realização de uma consultoria cujo objeto é a avaliação quantitativa do impacto de um evento pode envolver com maior frequência e/ou intensidade atividades como manipulação ou transformação de extensas bases de dados, construção de indicadores quantitativos auxiliares, consulta a artigos científicos sobre as metodologias utilizadas, entre outras ações. Tal consultoria pode exigir do consultor habilidades e competências específicas como conhecimento e domínio de métodos quantitativos causais (experimentais ou quasi-experimentais), conhecimento em linguagens de programação, raciocínio lógico, domínio de ferramentas de exploração, manipulação e visualização de dados, *softwares* estatísticos etc.

Assim como nas outras abordagens, o principal produto é o relatório estatístico, em que se apresenta a mensuração do efeito causal que o evento analisado teve ou tem sobre as unidades de referência nas quais se manifesta, de modo que se conheça quantitativamente a discrepância, em função do evento, entre uma unidade afetada e uma unidade não afetada. Complementarmente, esse tipo de consultoria pode gerar como produto relatórios preliminares com representações e descrições do modelo quantitativo utilizado, bases de dados, *scripts* e a utilização mais recorrente de apêndices e anexos para descrições metodologicamente mais profundas.

**Quadro 2.1** – Principais escopos de consultoria estatística, produtos e habilidades

| Objeto | Propósito | Habilidades e conhecimentos | Principais produtos |
|---|---|---|---|
| Avaliações qualitativas | Identificar as mudanças qualitativas percebidas em um evento | • Interpessoalidade<br>• Comunicação<br>• Persuasão<br>• Gestão<br>• Escrita<br>• Leitura | • Relatório estatístico<br>• Assessoria<br>• Aconselhamentos<br>• Proposta de reestruturação<br>• Relatório de avaliação |
| Avaliações quantitativas | Mensurar quantitativamente a associação entre variáveis | • Raciocínio lógico<br>• Estatística descritiva<br>• Métodos quantitativos<br>• Conhecimento de mercado<br>• Exploração e manipulação de dados<br>• Análise de dados<br>• Visualização de dados<br>• *Softwares* estatísticos<br>• Linguagem de programação | • Relatório estatístico<br>• Representação de modelo estatístico<br>• Matrizes de resultados<br>• Bases de dados<br>• *Dashboard* interativo<br>• Questionários<br>• *Scripts* |
| Avaliação quantitativa de impacto | Mensurar quantitativamente o efeito de um evento sobre suas unidades de referência | • Métodos quantitativos experimentais/quasi-experimentais<br>• Linguagens de programação<br>• Raciocínio lógico<br>• Exploração e manipulação de dados<br>• Visualização de dados<br>• *Softwares* estatísticos | • Relatório estatístico<br>• Representação de modelo quantitativo<br>• Matriz de resultados<br>• Base de dados<br>• Uso de apêndices e anexos<br>• *Scripts* |

> **Para saber mais**
>
> MENEZES FILHO, N. A.; PINTO, C. C. de X. (Org.). **Avaliação econômica de projetos sociais**. 3. ed. São Paulo: Fundação Itaú Social, 2017. Disponível em: <https://www.itausocial.org.br/wp-content/uploads/2018/05/avaliacao-economica-3a-ed_1513188151.pdf>. Acesso em: 17 fev. 2023.
>
> Esse livro apresenta as principais metodologias de avaliação de impacto utilizadas, entre elas os modelos diferenças-em-diferenças, métodos de pareamento e variáveis instrumentais.

## 2.2 Perfil e porte do contratante

Cada consultoria guarda suas peculiaridades a depender do perfil do consulente, do objeto da consultoria, dos objetivos do trabalho e, até mesmo, do consultor. Por essa razão, existem outros aspectos que devem ser levados em consideração quando da delimitação do escopo da consultoria, como o perfil e o porte do contratante.

Atentando-se a esses detalhes, o consultor pode tomar conhecimento sobre o objeto da consultoria desejada pelo contratante, seus objetivos, suas principais atividades e habilidades necessárias e o que se espera do(s) produto(s) final(is). Com isso, o consultor pode julgar sua capacidade ante os desafios do trabalho em questão e delinear um escopo mais consistente e adequado à realidade com a qual lidará.

No que concerne ao perfil do contratante, a compreensão por parte do consultor a respeito das motivações e necessidades do contratante podem ajudá-lo a conduzir os trabalhos da maneira mais satisfatória possível. O contratante pode ser uma *startup*, uma empresa privada de grande porte, uma entidade governamental, uma ONG, um grupo de clientes individuais; e cada cliente pode ter objetivos bastante específicos conforme seu perfil.

## Exemplificando

Uma *startup* é, em geral, uma organização privada em busca de um modelo de negócios inovador e de rápido êxito sob circunstâncias imprevisíveis e adversas (Ries, 2011). Dadas as características desse perfil de contratante, uma consultoria estatística poderia ter maior enfoque em aspectos como lucratividade, quantitatividade, presença no mercado, relações com investidores e velocidade nos resultados.

Uma consultoria contratada por uma **empresa privada de grande porte**, por seu turno, poderia enfatizar, ao mesmo tempo, aspectos qualitativos (cultura organizacional, padronização de operações etc.) e quantitativos (desvios de qualidade, resultados de uma nova iniciativa ou projeto interno). Uma consultoria para um contratante desse porte pode exigir maior quantidade e especificidade de recursos, maiores pressões por determinados resultados, entrevistas ou questionários com mais agentes, uso de grandes extensões de dados no que diz respeito à quantidade de variáveis e de séries históricas, entre outros.

Uma **entidade governamental**, por sua vez, ao contratar um serviço de consultoria, pode estar mais interessada em aspectos como adequação a normas e leis, cumprimento de metas previamente estabelecidas, identificação de alvos para investimentos públicos, avaliação de políticas públicas e prestação de contas. Por se tratar de uma instituição pública, as circunstâncias de trabalho podem diferir muito de uma consultoria prestada a uma entidade privada, como contratação via licitação pública, fluxo de pagamentos mais burocrático, maior exigência de licenças e registros formais, entre outras diferenças.

Caso o contratante seja uma **ONG**, os principais aspectos norteadores e motivadores do serviço de consultoria podem ser o alcance de divulgações e ações sociais, características quantitativas e qualitativas da cobertura de serviços prestados aos usuários finais, identificação de eixos prioritários de atuação, mensuração de indicadores específicos, entre outras necessidades. Essas organizações mantêm rígidos compromissos de prestação de contas, especialmente quando são financiados com recursos governamentais, o que pode exigir do consultor atenção às especificidades de normas, leis, regulamentos etc.

Por fim, um **grupo de clientes individuais** pode exigir um grau ainda maior de adaptação dos trabalhos de consultoria a sua realidade específica, dada a natureza ímpar desse tipo de consultoria. São processos com objetivos específicos e nem sempre as demandas e necessidades de cada ente em particular são claras, exigindo do consultor uma postura mais assertiva e direta. Consultorias para grupos de clientes

> individuais podem priorizar aspectos como monitoramento de indicadores financeiros, orientação sobre investimentos por meio de estatísticas pessoais, entre outros aspectos.

Conhecer o perfil e o porte do contratante é muito importante para que o consultor compreenda melhor suas expectativas, os possíveis desafios associados àquele serviço de consultoria em específico, além de apontar circunstâncias de trabalho como proporção, prazo e método de pagamento, padrão de qualidade exigido, especificações de produto, aspectos prioritários norteadores da consultoria, recursos necessários, regime de contratação etc.

## 2.3 Tipos de consultoria

As consultorias podem ser classificadas de acordo com seu tipo, havendo variação quanto ao envolvimento entre o consultor e o consulente e o objeto da análise, com possibilidade de se adotar conduta mais generalista ou pontual. Segundo Oliveira (2015), os principais tipos de consultoria são:

- **Consultoria de pacote** – A consultoria pode apresentar um caráter mais generalista, sem grandes adaptações à realidade específica do contratante, tendo como prioridades objetividade, custo-benefício, rapidez, resultados mais amplos e aplicação de abordagens preestabelecidas.
- **Consultoria artesanal ou planejada** – A consultoria também pode ser estruturada desde o início tendo como referência as especificidades do caso apresentado pelo contratante. Nesse caso, as negociações e as

interações entre as partes são mais complexas e exigem maior tempo. Esse tipo pode agregar muito mais valor à experiência do contratante em comparação à consultoria de pacote, pois leva em consideração as preferências e necessidades específicas da empresa-cliente e atinge maior grau de qualidade.

- **Consultoria especializada ou direcionada** – Trata-se de um serviço de consultoria que lida com apenas uma parte do objeto ou propósito buscado pelo contratante. Normalmente, é oferecido por consultores com especialidade em determinadas áreas e que podem ser complementares a processos de consultoria mais gerais. Um ente pode contratar uma consultoria desse tipo por diversas razões. Por exemplo, o contratante pode recorrer a consultores internos para lidar com partes do objeto e ao consultor externo para o restante; e contratar o consultor externo para lidar apenas com uma parte do objeto, porque seu cronograma ou problemas financeiros o levaram a dividir o tratamento do objeto em etapas distantes umas das outras. Por contemplar uma porção específica do objeto de consultoria e basear-se na especialidade do consultor, a consultoria especializada ou direcionada pode apresentar resultados ou produtos com maior qualidade, maior profundidade e riqueza de detalhes, maior transmissão de confiança para o contratante e, até mesmo, para o consultor.

- **Consultoria plena, integral ou total** – É uma consultoria que contempla todos os campos de atuação do contratante e múltiplos objetos de consultoria. Nesse tipo, o consultor alcança maior capacidade de conhecimento sobre o ente contratante e, consequentemente, maior capacidade de cruzar informações e fornecer declarações com mais propriedade. Além disso, a consultoria integral é mais abrangente e exige muita capacidade de gestão e responsabilidade por parte do consultor.

## 2.4 Definição dos produtos

A **divulgação dos resultados** é o que materializa o trabalho de uma consultoria em estatística. Ainda que acompanhe as etapas intermediárias, é somente após a **entrega dos produtos** que o contratante pode avaliar o trabalho exercido pelo consultor e como o valor gerado por ele será utilizado no processo de tomada de decisão.

Aqui se faz conveniente uma observação: também é importante conhecer o perfil do consulente para saber o grau de conhecimento técnico que este tem sobre a área de atuação da consultoria. Geralmente, o consultor estatístico deve conduzir seus trabalhos e desenvolver seus produtos levando em consideração o público leigo que poderá ter acesso aos produtos. Estes devem ser elaborados evitando-se o excesso no uso de linguagem acadêmico-científica, com detalhes técnicos e metodológicos separados em anexos e apêndices. A preocupação do consultor deve ser compor um texto o mais didático possível, assumindo que o contratante pode não conhecer os termos técnicos, mas que tem de compreender os resultados de modo que possa considerá-los como insumo na tomada de decisão.

Elementos visuais ou ilustrativos podem ser de extrema conveniência na tarefa de tornar os resultados e as conclusões obtidos pelo consultor mais compreensíveis e lógicos para o consulente e as partes interessadas. Logo, um gráfico pode ser mais didático e intuitivo do que a apresentação de uma equação ou fórmula matemática, assim como uma explicação em texto associada a um gráfico pode ser mais efetiva do que apenas um gráfico ou apenas um texto (Kenett; Thyregod, 2006).

### Exemplificando

Uma ferramenta que tem se tornado muito útil na comunicação envolvendo dados é o *data storytelling*. Ela permite utilizar a estrutura de uma narrativa – com começo, meio e fim – para apresentar os dados mediante uma história. Tem sido adotada não somente em apresentações de resultados com dados, mas também na elaboração de relatórios, tornando-os mais claros e interessantes para o público em geral.

Todo resultado obtido durante os trabalhos pode ser valioso ao consulente; logo, o consultor não deve omitir informações, explicações ou inferências por assumir que aquele já tem ou deveria ter conhecimento a respeito. Contudo, o consultor deve manter um equilíbrio para não sobrecarregar o contratante com informações desnecessárias. Antes, deve prezar pelo que é relevante ao objeto e às circunstâncias da consultoria.

Reiteramos que a quantidade, a espécie, a profundidade, a forma e o prazo ou frequência de entrega, bem como outras características dos produtos de uma consultoria, podem variar a depender de suas circunstâncias (objeto, perfil e porte do contratante, área de atuação, acordos estabelecidos entre as partes etc.). Essas características são definidas no escopo do trabalho. Podem ser produtos de uma consultoria:

- **Relatório estatístico** – É o principal produto de uma consultoria, no qual todos os outros produtos se orientam, devido a sua riqueza de conteúdo e unidade no que tange aos objetivos da consultoria. Esse documento compõe-se de elementos textuais e não textuais que consolidam todas as informações da consultoria prestada, desde sua concepção, planejamento, execução, até os resultados e referências finais. Sua linguagem deve ser clara, acessível e interessante. Pode conter itens complementares, como pesquisa bibliográfica ou detalhes metodológicos detalhados que devem aparecer nos anexos e apêndices.
- **Assessoria** – Corresponde ao acompanhamento prestado ao contratante após a consultoria para auxiliá-lo a lidar com os problemas identificados e implementar as soluções propostas.
- **Aconselhamentos ou direcionamentos** – São sugestões de melhoria ou propostas de solução aos problemas identificados e cientificamente fundamentados ao longo da consultoria. Tais especificações são registradas em documento, no qual o consultor precisa deixar bem claro a consistência das constatações que obteve, bem como a explicação e a justificativa de suas propostas para o caso.
- **Proposta de reestruturação** – Principalmente em consultorias de avaliação qualitativa, o consultor pode, com

base em suas constatações cientificamente fundamentadas e em suas pesquisas, interpor propostas de reestruturação com vistas a amenizar ou resolver problemas identificados. Essas propostas podem compreender, por exemplo, a reconfiguração de uma estrutura organizacional e de recursos humanos, o uso de tecnologia e a alocação de recursos.

- **Pareceres ou relatórios preliminares** – São documentos em que o consultor descreve os trabalhos de consultoria realizados tendo como fundamento as constatações, os resultados e as conclusões que obteve durante a avaliação do objeto da consultoria. O profissional emite seu parecer sobre todo o caso analisado, sob a perspectiva de um agente externo e independente.
- **Matrizes de resultados** – São utilizadas em consultorias estatísticas de mensuração de indicadores quantitativos e consistem em documentos-tabela que contêm informações sobre o método de desenvolvimento, dados utilizados, parâmetros e valores (absolutos e relativos) de indicadores. Além disso, podem comparar os valores observados e valores almejados por metas previamente estabelecidas individualmente.
- **Bases de dados** – São conjuntos de todas as variáveis originais, adaptadas e criadas e os indicadores construídos para a análise ou avaliação principal da consultoria, em sua totalidade fornecidos ao contratante. Esse produto também pode compreender a disponibilização de um arquivo executável com a lista de comandos (*scripts*) e/ou passo a passo necessário para que o consulente ou

um terceiro, caso queiram, alcancem os mesmos resultados obtidos pelo consultor.

- ***Dashboards* interativos** – São painéis digitais de visualização de dados com ilustrações gráficas das estatísticas descritivas dos dados utilizados e/ou das variáveis e indicadores criados no âmbito do estudo central da consultoria. Permitem que o usuário visualize as informações da maneira que mais lhe aprouver, com atualização simultânea.

- **Treinamentos/transferência de conhecimento** – Condizem à transmissão de conhecimentos teóricos e/ou práticos sobre determinada temática ou metodologia para um público-alvo por meio de recursos e técnicas educacionais, com vistas a promover capacitação ou aperfeiçoamento na atuação em determinada área. O consultor pode, por sua especialidade, conhecimentos, experiência e resultados obtidos no trabalho de consultoria, oferecer treinamento às partes interessadas do ente contratante, como produto ou bônus da consultoria prestada.

- **Palestras/seminários** – São apresentações resumidas e intensivas sobre um tema feitas por um palestrante e dirigidas a uma plateia com o objetivo de transmitir conhecimento e fomentar a reflexão sobre o assunto central. Diferentemente do treinamento, aborda temas com menor profundidade e em menor tempo, favorecendo mais o conhecimento teórico do que o prático. O consultor pode, como produto ou bônus de uma consultoria realizada, ministrar uma ou mais palestras sobre diversos temas, como: fatores causadores de um problema, resultados obtidos ao longo da consultoria prestada, aspectos não abordados pela consultoria, ou um resumo de todo o desenvolvimento da consultoria em questão.

## 2.5 Definição dos honorários e das formas de pagamento

A precificação do trabalho humano é de grande complexidade, principalmente quando o que se avalia é a experiência, o conhecimento e as habilidades de um indivíduo quanto à realização de um serviço. Por esse e outros motivos, a determinação dos valores a serem pagos e recebidos pelo consultor não é uma tarefa simples.

Entre os fatores que podem influenciar a precificação dos serviços de consultoria, destacam-se:

- **Experiência do consultor** – A experiência do consultor (conjunto de perícias, conhecimentos práticos e habilidades acumulados e adquiridos ao longo de vivências anteriores), conforme já enunciamos, é de grande importância para atrair o consulente, conquistar sua confiança e agregar valor à marca do consultor. Outrossim, quanto mais experiente for um consultor, provavelmente maiores serão os honorários pagos a ele por seus serviços de consultoria.
- **Especialidade do consultor** – A área de atuação em que o consultor é especialista e o grau dessa especialidade ajudam a determinar os valores a serem pagos pela

prestação de seus serviços. A remuneração pode ser significativamente maior caso o consultor seja o único em determinada região com especialidade em dada área, na qual o contratante encontra uma necessidade incomum.
- **Formação acadêmica e grau de titulação do consultor** – O curso, o conjunto de cursos, a área de formação e seu grau de titulação são fatores de atratividade para seus serviços, a prospecção de novos consumidores e o acordo de pagamentos. Uma consultoria ou um contratante em especial pode exigir conhecimentos teóricos e/ou práticos mais associados a certa área. O consultor estatístico pode ter formação em áreas como estatística, economia, matemática, ciência de dados, Tecnologia da Informação (TI), além de especializações *lato sensu*, e titulações *stricto sensu,* como mestrado e doutorado.
- **Concorrência** – Assim como em outros mercados, na consultoria, o nível de aquecimento do mercado e a quantidade de *players* (neste caso, prestadores do serviço de consultoria) influenciam a definição dos valores a serem pagos. Combinada ao nível de urgência e de necessidade do cliente/contratante, a escassez de concorrentes pode conferir ao consultor o poder de cobrar mais pela prestação de seus serviços.
- **Porte da contratante** – Entidades com escala de atuação, faturamento, quadro de funcionários e valor de mercado diferentes podem apresentar necessidades e disposições distintas na contratação do serviço de consultoria. Um ente de maior porte provavelmente oferecerá uma

remuneração significativamente mais elevada do que um ente de menor porte.

- **Diferencial do serviço** – O grau de exclusividade proporcionado pela experiência do serviço de um consultor também pode ser importante para destacá-lo perante os demais consultores, o que, por sua vez, pode conferir-lhe poder para cobrar um valor mais alto como remuneração por seu trabalho. Essa diferenciação pode decorrer de uma identificação do contratante com o estilo de atuação do consultor, seu perfil, as características de seus produtos, as parcerias que mantém, métodos e prazos de pagamento oferecidos, entre outros elementos.

**Quadro 2.2** – Fatores determinantes na remuneração da consultoria em estatística, por dimensão

| Fator | Dimensão |
|---|---|
| Experiência | Pessoal |
| Especialidade | |
| Formação acadêmica | |
| Concorrência | Mercado |
| Porte do contratante | Consulente |
| Exclusividade de serviço | Pessoal/Mercado |

Ademais, para determinar o valor cobrado pelo serviço de consultoria, o consultor também deve fazer uma projeção do tempo a ser gasto em cada etapa e na totalidade da prestação e de seus custos com materiais, transporte, licenças, alimentação e outros. Considerando todos esses fatores, é preciso, ainda, ter como referência as modalidades de remuneração utilizadas no mercado, quais sejam:

- **Remuneração fixa** – Ambas as partes têm ciência do valor integral que será pago pela consultoria e, independentemente de possíveis variações no tempo empreendido pelo consultor ou na complexidade do trabalho, o consultor não recebe remuneração diferente daquela acordada com o consulente.
- **Remuneração variável** – A remuneração é proporcional ao tempo dedicado pelo consultor (geralmente medido em horas de trabalho). Quanto maior for o tempo despendido pelo consultor na prestação, maior será o valor pago em remuneração a seu serviço. É importante que o consultor e o consulente estabeleçam um critério para contagem do referido tempo.
- **Remuneração por incumbências** – Nesta modalidade, a remuneração do consultor está condicionada ao cumprimento ou à realização de atividades, ações ou tarefas preestabelecidas e/ou a entregas de produtos específicos.
- **Remuneração por resultados** – A remuneração fica condicionada ao cumprimento de *milestones* (marcação, meta ou patamar quantitativo) ou à entrega de resultados. O consultor precisa garantir que alcançará os resultados específicos preestabelecidos para que receba, então, a remuneração por seu trabalho.
- **Remuneração por participação acionária** – O consultor recebe como pagamento por seu serviço não um pagamento pecuniário, mas uma participação nas ações da empresa-cliente. Expresso de outro modo, o consultor conquista participação acionária na empresa-cliente por seu trabalho, e não pela aquisição em dinheiro como os demais acionistas.

- **Remuneração por permuta** – O consultor recebe itens materiais ou imateriais não monetários em troca de seu trabalho de consultoria. Pode receber produtos da empresa-cliente, confecção de materiais, campanha de publicidade, participação em programas de televisão ou outras mídias, entre outros benefícios.
- **Remuneração por disponibilidade** – O contratante remunera o consultor pelo oferecimento de sua disponibilidade por determinado período. Nesse caso, o consultor é remunerado independentemente de o consulente ter recorrido efetivamente a sua prestação de serviço ou não, pois recebe apenas por estar de prontidão, disponível, apto a atender o consulente.

Há, ainda, fatores complementares a serem contemplados pelo consultor na determinação de sua remuneração. A seguir, listamos alguns deles:

- **Foco no trabalho** – Mais importante do que o valor pelo qual o consultor será remunerado por seu serviço, é a viabilidade da condução dos trabalhos de consultoria e a entrega dos resultados com a quantidade, qualidade e pontualidade à altura das expectativas do consulente.
- **Pesquisa de mercado e perfil de consultoria** – Para um melhor entendimento do valor a ser acordado com o contratante, o consultor deve realizar uma pesquisa de mercado a fim de identificar o valor médio pelo qual outros consultores são remunerados para realizar

serviços semelhantes (sob condições e circunstâncias equivalentes) ao qual está prestes a iniciar. O consultor também deve considerar o perfil da consultoria a ser prestada e julgar com base na observação do mercado os valores geralmente pagos e compatíveis com as características da consultoria a ser realizada.

- **Fracionamento de trabalho** – Dividir em etapas o trabalho de consultoria a ser realizado, além de contribuir para a organização e a disciplina no alcance de resultados com excelência, permite ao consultor compreender a complexidade, a dificuldade e o valor adequado de remuneração.
- **Estimativa de tempo** – O fracionamento do trabalho em etapas também contribui para uma estimativa mais precisa do tempo de que o consultor necessitará para concluir cada atividade do trabalho de consultoria. Isso permite calcular o valor total da consultoria (por meio do valor-hora da consultoria) ou a remuneração, ainda que por outro critério.
- **Estimativa clara de gastos** – No cálculo do valor a ser pago em remuneração por seu trabalho, o consultor deve considerar todos os prováveis dispêndios que efetuará, por menores ou secundários que sejam. Isso inclui gastos com deslocamentos, entrevistas com gestores e colaboradores, hospedagem, impressão de materiais gráficos. Subestimar esses gastos pode ser prejudicial para o profissional.

## 2.6 Princípios éticos norteadores

A conduta do consultor deve ser regida por princípios éticos que garantam a qualidade do serviço prestado, preservem a reputação do consultor e dos serviços de consultoria como um todo e proporcionem satisfação ao contratante. Portanto, o consultor deve atuar sempre sob a observação de valores como:

- **Integridade** – Refere-se a zelar pela garantia de que dados, recursos, materiais, informações ou outros itens recebidos do contratante ou entregues a este estejam livres de adulterações impróprias ou fraudes. Também compreende optar sempre pela conduta ou decisão mais proba, reta e favorável ao bem comum.
- **Honestidade** – Corresponde a prezar a verdade e a sinceridade sempre, sem induzir conscientemente o contratante ou outrem a erro, engano ou prejuízo. É se privar de prometer ou oferecer algo do qual se tem ciência de não ser capaz parcial ou totalmente de cumprir.
- **Confiança** – Significa estimular, desenvolver e promover constantemente a confiança mútua entre as partes (consultor, contratante e terceiros). Uma insuficiência de confiança entre as partes pode comprometer o andamento e a qualidade dos trabalhos de consultoria, além de prejudicar a reputação do consultor e do serviço em si.
- **Confidencialidade** – Trata-se do compromisso de não divulgar direta ou indiretamente informações, dados, notícias, fórmulas ou qualquer outro elemento de caráter sigiloso. É zelar pela adequada preservação do sigilo de qualquer elemento a que se tenha acesso.

- **Uso de tecnologia** – Condiz a estar disposto a fazer uso de recursos tecnológicos capazes de otimizar a qualidade ou a eficácia da consultoria prestada, quando estes lhe são convenientes e representam baixo ou inexistente custo de oportunidade.
- **Submissão da vontade própria** – Corresponde a submeter interesses próprios à vontade e aos objetivos do contratante ou ao objeto da consultoria, desde que não comprometa valores ou princípios pessoais. Em caso de conflitos, estes devem ser comunicados de maneira explícita para que um acordo seja estabelecido.
- **Créditos** – É o compromisso de dar o devido crédito aos autores originais de ideias, pensamentos, modelos e propostas, mencionando aberta e adequadamente as fontes por meio das quais obteve toda e qualquer forma de conhecimento, dados, informação ou outro conteúdo aplicado ao trabalho de consultoria realizado e do qual não é o autor, criador ou proprietário dos direitos.
- **Geração de valor** – Guarda relação com a postura de buscar sempre a garantia de que o trabalho agregue valor ao cliente, por meio do solucionamento de um problema, fornecimento de indicadores, mensurações, análises, direcionamentos e/ou outra forma de benefício ao contratante.
- **Transferência de conhecimento** – É a conduta de sempre transferir os conhecimentos a que teve acesso e os quais adquiriu como parte da condução de seu trabalho de consultoria, tornando o processo de consultoria

como um processo de aprendizado tanto para o consultor quanto para o consulente.

- **Adequação à realidade do contratante** – Refere-se a solicitar do contratante tão somente recursos, honorários ou condições de trabalho que sejam adequados ao nível que este lhe pode oferecer, sem nunca ultrapassar esse limite ou o bom senso. Por esse motivo, o escopo do trabalho deve ser definido levando em conta essa realidade.
- **Observação de contratos** – Significa orientar-se pelo termo de referência ou contrato sob o qual foram firmadas as circunstâncias da consultoria a ser realizada. Deve-se sempre respeitar estritamente aquilo que foi acordado entre as partes, observando o princípio *pacta sunt servanda* (do latim, "o pacto/acordo deve ser cumprido").
- **Observação ao código de ética do contratante** – Consiste em respeitar o código de ética do contratante, ou seja, o consultor não deve fazer ou deixar de fazer algo sobre o qual o código de ética do contratante trata a respeito, ainda que em outros contextos lhe fosse adequado fazê-lo.

## Estudo de caso

O governo de um estado brasileiro X implementou, ao longo de quatro anos, o programa educacional "Laços da Educação", o qual consistia no envio de estudantes de ensino superior a instituições de ensino no exterior. Por meio de sua Secretaria Estadual de Educação, o Poder Executivo do estado X abriu um processo licitatório para a contratação de um consultor estatístico individual, com o fito de avaliar o impacto quantitativo do programa a fim de julgar se o mais adequado seria mantê-lo, modificá-lo ou cessá-lo.

Por se tratar de uma instituição governamental, cujo processo de contratação do consultor se dá por meio de licitação, as circunstâncias de trabalho são definidas prévia e unilateralmente pelo órgão. A definição do consultor decorre de inscrições e cumprimento de critérios eliminatórios e envio de documentos.

Depois de se inscrever no processo licitatório, o consultor Y foi selecionado para a prestação do serviço de consultoria. Estando todas as circunstâncias de trabalho (como especificações de produto, prazos, remuneração e escopo da consultoria etc.) listadas em um termo de referência disponibilizado pelo contratante, coube ao consultor elaborar e submeter seu plano de trabalho.

Sob tais circunstâncias, o objeto ou problema-alvo da consultoria é o programa "Laços da Educação", e o escopo da consultoria é a mensuração e a avaliação quantitativa de seu efeito causal sobre o desempenho dos estudantes que dele participaram, mensurados por sua nota em uma prova nacional de conhecimentos específicos e conhecimentos gerais. Não obstante, o produto exigido pelo termo de referência é um relatório estatístico, elaborado em conformidade com as normas da Associação Brasileira de Normas Técnicas (ABNT), a ser entregue ao final do prazo total da consultoria, que se estenderia por quatro meses.

Sendo assim, o consultor elaborou seu plano de trabalho, depois de ter procedido a uma pesquisa intensiva sobre o programa e sobre a literatura de avaliações quantitativas de impacto de programas semelhantes, entre outros temas. Com base nessas informações, o consultor definiu o cronograma sob o qual trabalharia durante os quatro meses de duração da consultoria, o plano de consumo ou uso de recursos e, principalmente, a metodologia que utilizaria a fim de cumprir o objetivo da consultoria.

O consultor, então, executou as ações de seu planejamento e, obtendo os dados necessários para o uso de sua metodologia, a aplicou e obteve resultados negativos em relação ao programa. Em observância aos princípios da integridade e da transferência de conhecimento que regem sua conduta, o consultor não pôde manipular os resultados obtidos a fim de induzir o ente contratante a uma percepção positiva do programa; antes, teve de divulgar os resultados identificados integralmente, certificando-se de sua fundamentação científica.

Ao término dos quatro meses de prazo, o consultor entregou à Secretaria Estadual de Educação do estado X o relatório estatístico, bases de dados processadas, *scripts*, dicionário de variáveis e todas as demais informações e resultados obtidos ao longo da consultoria prestada. Por fim, em estrito cumprimento das circunstâncias de trabalho listadas no Termo de Referência, o consultor recebeu o pagamento por seu trabalho e a consultoria foi findada.

# O QUE É

- **Consultoria estatística de avaliação qualitativa** – Serviço de consultoria estatística cujo escopo, objeto ou problema-alvo compreende: verificação, constatação e registro das mudanças qualitativas; vantagens, desvantagens ou efeitos atribuídos ao programa, iniciativa, projeto ou outro elemento central analisado, com base na investigação e nas informações coletadas com participantes interrogados pelo consultor.
- **Consultoria estatística de análise quantitativa** – Serviço de consultoria estatística no qual o consultor visa desenvolver uma análise quantitativa que identifique e mensure os fatores determinantes ou significativamente associados a determinada variável, acontecimento ou evento.
- **Consultoria de avaliação quantitativa de impacto** – Serviço de consultoria no qual o consultor procede à identificação e à mensuração quantitativa do impacto causal ou efeito de um programa, um projeto, uma política pública, uma iniciativa ou outro evento, por meio de metodologias quantitativas de avaliação de impacto (metodologias quasi-experimentais).
- **Perfil do contratante** – Conjunto de características materiais e imateriais associadas ao ente contratante de uma consultoria que influencia significativamente objetivos, necessidades, especificações de produto, prazo e valores de pagamento de uma consultoria.

- **Consultoria de pacote** – Tipo de consultoria no qual o consultor emprega aplicações e escopos genericamente preestabelecidos, sem adaptações expressivas ao caso específico apresentado pelo contratante, priorizando aspectos como objetividade, custo-benefício e rapidez.
- **Consultoria planejada** – Tipo de consultoria no qual o consultor define escopo, planejamento e demais especificações de trabalho tomando como referência as necessidades, preferências e especificidades do caso do contratante desde o início até o fim da prestação do serviço.
- **Consultoria direcionada** – Tipo de consultoria no qual o consultor aborda apenas uma fração do objeto ou problema-alvo da consultoria, a título de demanda do contratante, com vistas a obter maior profundidade e dedicação exclusiva a uma parte específica do objeto da consultoria.
- **Consultoria integral** – Tipo de consultoria no qual o consultor aborda todas as esferas de atuação do contratante, lidando com mais de um objeto ou problema-alvo de consultoria simultaneamente.
- **Espécies de produto** – Formas sob as quais os resultados ou as conclusões obtidos em uma consultoria são desenvolvidos e disponibilizados ao contratante como contrapartida pela contratação do serviço de consultoria. Existem diferentes espécies de produtos, como: relatório estatístico, assessoria, aconselhamentos ou direcionamentos, proposta de

reestruturação, parecer ou relatórios intermediários, matrizes de resultados, bases de dados, *dashboards* interativos, treinamentos, palestras.

- **Determinantes de pagamento** – Fatores ou aspectos que influenciam e, em última instância, determinam o acordo de pagamentos de uma consultoria. São exemplos: a experiência, a especialidade, a formação acadêmica e o grau de titulação do consultor; a concorrência do mercado; o perfil e o porte do contratante; e os diferenciais da consultoria.
- **Acordo de pagamentos** – Tratado formal entre contratante e consulente em que se especificam o método, os valores e as demais especificações a respeito da remuneração do serviço de consultoria. Tal remuneração pode ser fixa, variável, condicionada a incumbências, resultados, disponibilidade ou, ainda, consistir em permutas e concessão de participação acionária.
- **Princípios éticos de consultoria** – Valores que devem reger a conduta do consultor em todos os aspectos de seu trabalho. São princípios éticos da consultoria: integridade, honestidade, confiança, confidencialidade, uso de tecnologia, supressão da vontade própria, créditos, geração de valor, transferência de conhecimento, foco no contratante, observação de contratos e códigos de ética.
- **Custo de oportunidade** – Valor, benefício, vantagem ou possibilidade associada a determinada escolha da qual se abre mão total ou parcialmente para

se usufruir de outra, uma vez que não for possível usufruir de ambas plena e simultaneamente.
- **Termo de Referência** – Documento oficial, geralmente elaborado e disponibilizado pelo ente contratante (principalmente de direito público), que formaliza todos detalhes sobre o processo de contratação do serviço de consultoria e as circunstâncias de trabalho (prazos, remuneração, especificações de produto, objeto da consultoria, objetivos etc.).

## Síntese

Neste capítulo, assinalamos que uma consultoria estatística pode ter diferentes elementos centrais como seu objeto ou problema-alvo, a saber: um programa governamental, uma política pública, um projeto, um problema, uma campanha de publicidade, as finanças de uma empresa, um produto, um serviço etc.

O propósito de uma consultoria estatística pode se configurar total ou parcialmente como uma avaliação qualitativa, uma avaliação quantitativa ou uma avaliação quantitativa de impacto. Vale lembrar, uma avaliação qualitativa pode ter aspectos quantitativos e vice-versa. A triangulação de métodos objetivos e subjetivos não só é possível, mas também é bem-vinda nos processos de consultoria estatística.

A consultoria de avaliação qualitativa visa identificar e documentar aspectos qualitativos do objeto de análise. Essa consultoria tende a exigir maior habilidade interpessoal, de comunicação, de diálogo, de persuasão, de gestão, de intuição, de escrita e leitura por parte do consultor. Tal serviço pode oferecer como produtos, por exemplo, relatório estatístico, assessoria, aconselhamentos, proposta de reestruturação.

Uma consultoria de avaliação quantitativa se presta a identificar e mensurar os principais fatores associados a uma variável ou à ocorrência de um evento. Nesse caso, demanda-se do consultor maior domínio de métodos quantitativos e econometria, conhecimento de mercado, atualidades, *softwares* estatísticos, exploração, manipulação, análise e visualização de dados. Os produtos esperados são: relatório estatístico, representações de modelos estatísticos, matrizes de resultados, bases de dados, *scripts* etc.

Por fim, a avaliação quantitativa de impacto busca mensurar quantitativamente o efeito causal de um evento e pode exigir do consultor: maior domínio de métodos quantitativos causais; conhecimentos em linguagens de programação; raciocínio lógico; domínio de *softwares* estatísticos para exploração, manipulação, análise e visualização de dados etc. Os produtos previstos são: relatório estatístico, representações de modelos quantitativos, matrizes de resultados, bases de dados, *scripts* etc.

O perfil do ente contratante pode influenciar as circunstâncias do trabalho de consultoria, impactando a forma de contratação, o acordo de pagamentos e os objetivos de trabalho. O ente contratante pode ser, por exemplo, uma *startup*, empresa privada de grande porte, entidade governamental, ONG, grupo de clientes individuais.

O consultor define e desenvolve os produtos de uma consultoria, sobretudo, pela observação e pelo conhecimento do perfil do contratante. Os produtos de uma consultoria podem ser: relatório estatístico, assessoria, aconselhamentos, proposta de reestruturação, relatório preliminares, matrizes de resultados, bases de dados, *dashboards* interativos, entre outros.

O acordo de pagamentos de uma consultoria pode ser determinado com base em fatores como: experiência, especialidade, formação acadêmica e grau de titularidade do consultor, concorrência do mercado, perfil do contratante e diferenciais de serviço. A remuneração de uma consultoria pode ser fixa, variável, baseada em permuta, participação acionária ou condicionada a incumbências, resultados ou disponibilidade.

O consultor deve sempre observar, em sua conduta de trabalho, o cumprimento de princípios éticos como: integridade, honestidade, confiança, confidencialidade, foco no cliente, uso de tecnologias, créditos, geração de valor, transferência de conhecimento e observação rigorosa de contratos e códigos de ética.

## Exercícios resolvidos

1) (Cespe/STJ/Técnico judiciário – 2018) Com relação à gestão de projetos e à governança em organizações públicas, julgue o item subsecutivo.

A gestão de projetos prevê a definição de escopo, que consiste em descrever a abrangência de um projeto especificando-se suas entregas e seus componentes de apoio.

( ) Certo
( ) Errado

**Gabarito**: Certo

**Comentário**: O processo de definição de escopo de um projeto (consultoria) compreende a concepção e a descrição do objetivo, as entregas que produzirá como resultado e os elementos que o compõem.

2) (Cespe/MPOG/Administrador – 2015) No que se refere a gerenciamento de processos e projetos, julgue o item que se segue.

O escopo de um projeto, segundo o PMBOK, deve definir, de maneira clara, os processos estritamente necessários à conclusão bem-sucedida do projeto.

( ) Certo
( ) Errado

**Gabarito**: Certo

**Comentário**: A definição do escopo de um projeto (consultoria) abrange a definição dos processos ou passos que o consultor deve seguir a fim de concluir o serviço com sucesso, isto é, satisfazendo os anseios do ente contratante e cumprindo os objetivos predefinidos.

3) (Cespe/MPOG/Gestor – 2013) Com relação ao gerenciamento de integração e de escopo, julgue os itens que se seguem.

Os requisitos do projeto impõem restrições quanto ao planejamento do projeto, com exceção do custo, do cronograma e da qualidade, que não são influenciados pelos requisitos definidos.

( ) Certo
( ) Errado

**Gabarito**: Errado

**Comentário**: O gerenciamento de custo, cronograma e os parâmetros de qualidade de um projeto (ou consultoria) são influenciados pela definição de requisitos do ente contratante. Logo, estes podem impor maior ou menor restrição ao planejamento de consultoria, até mesmo em aspectos como custos, cronograma e qualidade.

4) (Cespe/MEC/Especialista em processos de negócios – 2014) No que se refere a projeto, julgue os itens que se seguem.

A declaração do escopo deve ser publicada, devendo constar explicitamente as metas ou objetivos, as entregas e os requisitos do projeto.

( ) Certo
( ) Errado

**Gabarito**: Certo

**Comentário**: No campo da consultoria, o consultor deve definir e declarar o escopo na proposta de trabalho, que deve ser disponibilizada para as partes, com informações sobre o objeto da consultoria, sua missão, os objetivos, as entregas e os requisitos.

5) (Cespe/Hemobrás/Analista de gestão corporativa – 2008) Julgue os seguintes itens, relativos à gerência de projetos.

O planejamento da qualidade, da garantia de qualidade e do controle de qualidade é um processo específico, adotado durante a entrega dos produtos finais do projeto.

( ) Certo
( ) Errado

**Gabarito**: Errado

**Comentário**: A questão erra ao vincular o planejamento da qualidade, da garantia de qualidade e do controle de qualidade ao estágio de entrega dos produtos do projeto (consultoria). Na verdade, todas essas ações fazem parte do gerenciamento da qualidade do serviço prestado, que deve ser feito continuamente, do início ao fim do projeto (consultoria) (PMI, 2013).

## Questões para revisão

1) O Poder Executivo de uma pequena cidade decide contratar um consultor para que este esquematize e traga a seu conhecimento as características quantitativas de resultado de um programa habitacional. Qual deve ser o escopo e o principal produto dessa consultoria?

2) Qual tipo de consultoria pode agregar maior valor à experiência do contratante, a consultoria de pacote ou a consultoria artesanal? Justifique.

3) (Cetap/Prefeitura Municipal de Santarém-PA – 2008) Analise as seguintes afirmativas relacionadas à Gestão de Projetos:

   I. O levantamento de riscos do projeto pode ser adiado, já que só é importante para fase de implementação, que é onde eles podem ser tratados;
   II. No momento do encerramento do projeto, deve-se formalizar o seu encerramento para que fique claro para todos os envolvidos, inclusive o cliente, que o projeto está concluído e que novas necessidades serão atendidas em um novo projeto. Qualquer extensão ou alteração deverá ser orçada e todo o ciclo se inicia novamente;
   III. O "escopo do projeto" é o trabalho que deve ser realizado para se obter um produto ou serviço com determinadas características e recursos;
   IV. A monitoração dos riscos envolve acompanhar o status de cada risco e as opções de ações definidas para enfrentá-los caso eles venham a se tornar problemas reais, sem se preocupar com a probabilidade de sua ocorrência.

Marque a alternativa CORRETA:

a. Apenas as afirmativas I e II estão corretas.
b. Apenas as afirmativas II e III estão corretas.
c. Apenas as afirmativas II e IV estão corretas.
d. Apenas as afirmativas I e III estão corretas.
e. Apenas as afirmativas III e IV estão corretas.

4) (Cespe/TCE-SC/Auditor fiscal de controle externo – Informática – 2016) De acordo com o guia PMBOK 5, julgue o item subsequente, relativo a gerenciamento de projetos e requisitos.

O controle do escopo do projeto deve assegurar que todas as mudanças e ações corretivas ou preventivas recomendadas sejam processadas por meio do processo de controle de mudança autônomo, que não requer ajustes no tempo, custo e recursos do projeto.

( ) Certo
( ) Errado

5) (Cespe/FUB/Analista de Tecnologia da Informação – 2015) Julgue o item que se segue, relativo a projetos de software.

Na fase de iniciação de um grande projeto deve-se selecionar o gerente do projeto, elaborar termo de abertura e dividir o projeto em fases.

( ) Certo
( ) Errado

## Questões para reflexão

1) Com qual escopo de consultoria abordado neste capítulo você tem maior afinidade e para o qual tem mais competência para a prestação de consultoria?

2) Quais habilidades e conhecimentos utilizados em cada escopo de consultoria você domina melhor? Quais precisa desenvolver?

3) O que desperta mais seu interesse como consultor: consultorias para entes do setor privado, do setor público ou entes do terceiro setor?

4) O que você pode fazer para agregar maior valor à experiência individual do contratante em um serviço de consultoria?

5) Considerando o estudo de caso apresentado neste capítulo, o que chamou mais sua atenção? O que faria de diferente na condução da prestação?

## Conteúdos do capítulo:

- Planejamento de consultoria.
- Proposta de trabalho e plano de trabalho.
- Ferramentas de qualidade de gestão.
- Medidas de estatística descritiva.

## Após o estudo deste capítulo, você será capaz de:

1. planejar a condução da consultoria, garantindo um trabalho de excelência e mantendo controle frequente da qualidade;
2. identificar o problema-alvo de uma consultoria;
3. elaborar uma proposta de trabalho e um plano trabalho;
4. utilizar ferramentas da qualidade na gestão dos trabalhos de consultoria;
5. proceder à pré-análise de dados utilizados em uma consultoria estatística e suas principais medidas de estatística descritiva.

# 3
# Estratégias de planejamento

## 3.1 Planejamento da consultoria

Como informamos no primeiro capítulo, o planejamento de uma consultoria pode ser dividido em duas grandes etapas, quais sejam: (1) a **contextualização, ou caracterização, da consultoria**, e (2) a **implementação, ou execução** (Oliveira, 2015).

A primeira envolve o contato inicial entre as partes, a pré-análise, a comunicação da proposta de trabalho e o acordo entre as partes e, por fim, a construção e a submissão do plano de trabalho para aprovação do consulente.

Durante a subetapa de **pré-análise**, o consultor deve tratar de temas como:

- **Identificação do problema-alvo** – Com base nas informações e/ou materiais apresentados pelo consulente durante o contato inicial entre as partes, o consultor tem de compreender a necessidade do contratante, detectando o problema para o qual ele busca solução. Esse problema-alvo pode ser definido na forma de uma ou mais perguntas a serem respondidas pela consultoria. Essas perguntas delimitam o objeto da consultoria, o método e a abordagem mais adequados. Por exemplo, dada pergunta pode apontar se é preciso empreender uma avaliação qualitativa ou quantitativa ou uma combinação das duas, ou, ainda, se será uma avaliação de impacto.

- **Conhecimento do objeto** – O consultor deve adquirir conhecimento sobre o objeto da consultoria. Para tanto, pode pesquisar sobre a história, as finanças, a organização, o funcionamento, a abrangência e outros aspectos relacionados ao programa, produto, projeto, *software* ou qualquer que seja o núcleo do problema-alvo. Adicionalmente, pode analisar documentos, entrevistar os atores envolvidos (gestores, funcionários, clientes e fornecedores) e/ou realizar rápidas pesquisas objetivas para obter informações relevantes durante a pré-análise.

- **Sondagem de expectativas** – O consultor precisa identificar as expectativas do contratante relativas ao serviço de consultoria que está interessado em contratar. Essa identificação pode ser feita mediante diálogo direto com o contratante, estudo de seu perfil, pesquisa sobre consultorias que este contratou no passado e, até mesmo, informações contidas em um possível termo de referência disponibilizado pelo contratante. Essa sondagem é importante para que o consultor tenha clareza sobre o conteúdo, a quantidade e o padrão de qualidade que o contratante espera obter pela contratação do serviço de consultoria. É comum que as expectativas do ente contratante estejam implícitas e este não as expressem de maneira clara. Portanto, é papel do consultor captar essas expectativas obtendo informações correlatas de fontes alternativas.

- **Verificação de competências** – O consultor deve listar as competências (técnicas e socioemocionais) necessárias para a condução da consultoria em questão e para o alcance dos resultados esperados pelo consulente. Para isso, pode comparar os requisitos exigidos pelo trabalho a ser realizado a suas capacidades, a fim de reconhecer se realmente pode assumir o trabalho ou se deve buscar novos meios, metodologias, ferramentas e parcerias para realizá-lo.
- **Especificações de produto** – É recomendável que o consultor compreenda as características do serviço que o contratante espera receber, orientando-se pelas palavras-chave "o quê", "como", "quanto" e "quando". Assim, o consultor deve identificar os produtos (relatório estatístico, bases de dados, apresentação audiovisual, treinamentos etc.), como devem ser entregues (digitalmente, fisicamente, em um formato ou uma plataforma específica etc.), em qual profundidade de detalhes e a que frequência (semanal, mensal, quinzenal, somente ao final da consultoria etc.).
- **Ambientação do problema-alvo** – É demandado para a prestação do serviço observar e compreender o ambiente no qual o problema-alvo está inserido. Essa inspeção pode variar bastante a depender do objeto da consultoria

em questão. De modo geral, o consultor deve atentar-se a aspectos como a extensão do ambiente, a cultura organizacional que o rege, a interação usual entre os fatores produtivos, a organização, entre outros aspectos.

Para garantir que será capaz de realizar os trabalhos de consultoria e entregar os resultados esperados pelo contratante à altura das expectativas desse ente, o consultor tem, obrigatoriamente, de proceder a um planejamento acurado. Uma frase atribuída ao ex-presidente americano Abraham Lincoln (1809-1865) ilustra a importância do planejamento: "dê-me seis horas para cortar uma árvore e eu gastarei as primeiras quatro amolando o machado".

O planejamento é tão relevante que pode ser interpretado como o elemento de maior prioridade e investimento de tempo por parte do consultor. O planejamento dos trabalhos de consultoria deve compreender o desenvolvimento de, pelo menos, dois documentos que lhe sintetizam, a saber, a proposta de trabalho e o plano de trabalho.

A elaboração da **proposta de trabalho** deve ser feita pelo consultor tendo como referência um período de trabalho com início e término preestabelecidos, de acordo com as necessidades apresentadas pelo contratante e pelo objeto da consultoria. Seu conteúdo deve ser breve, objetivo e claro o suficiente para que o contratante possa decidir se realmente o serviço de consultoria proposto pelo consultor pode satisfazer suas preferências e demandas. Esse documento, portanto, serve de registro formal das características do serviço (prazo, valores, parâmetros de qualidade e quantidade etc.) ao qual o consultor se compromete a prestar e deve conter:

- **Pré-diagnóstico** – Valendo-se de sua experiência em consultorias semelhantes já realizadas, o consultor pode descrever brevemente as características gerais que levantou como hipótese quanto ao provável problema identificado no contato inicial com o ente contratante. Vale ressaltar que esse elemento nem sempre é facilmente identificado nessa etapa do planejamento da consultoria, mas serve de norte na aproximação do objeto da consultoria.
- **Forma(s) de identificação do problema** – O consultor registra brevemente a forma, o método ou a metodologia que pretende utilizar para constatar e documentar o problema central da consultoria em questão, ou seja, indica o processo da análise diagnóstica a ser implementada.
- **Objetivo(s)** – Nesse item, o consultor descreve como pretende lidar com o problema identificado e expressa as prováveis soluções metodológicas que poderá oferecer ao contratante. O conteúdo desse item é, certamente, o mais importante, pois concentra grande parte do valor percebido pelo contratante no trabalho do consultor, justificando sua contratação.
- **Recursos** – É conveniente fazer uma listagem geral dos recursos ou insumos necessários para a identificação do problema e o alcance dos objetivos predefinidos. O consultor pode discriminar os recursos por tipo (*software*, credenciais, materiais físicos, veículos, passagens etc.), valor (do mais ao menos oneroso), dificuldade de acesso (do mais ao menos burocrático, complexo ou dificultoso de adquirir) ou por outro critério que considere relevante.

- **Equipe de trabalho** – É pertinente descrever o tamanho e as qualificações da equipe designada para a condução dos trabalhos de consultoria, especificando-se a função a ser assumida por cada um dos membros. Essa descrição pode ser importante para justificar determinada remuneração ou detalhe metodológico que necessite de auxílio especializado. O consultor também pode executar seus trabalhos individualmente, sem o auxílio de nenhum outro membro de *staff*, caracterizando uma consultoria individual.
- **Valores** – Nesse campo, o consultor deve indicar os valores que cobrará pela prestação da consultoria. Trata-se de uma estimativa para o contratante e de contrapartida ao valor pelo qual este demonstrou estar disposto a desembolsar, às expectativas e necessidades apresentadas pelo contratante e à complexidade, à dificuldade e/ou à magnitude dos trabalhos previstos pelo consultor.

Em suma, a proposta de trabalho sintetiza a relação entre o que o contratante inicialmente apresentou, as percepções do consultor quanto ao problema, às necessidades, às preferências e às expectativas do contratante e o que pode ser oferecido pelo consultor. Desse modo, o consultante poderá comparar o serviço que espera receber e o serviço que o consultor realmente pode lhe proporcionar a determinado valor.

O **plano de trabalho**, por sua vez, consiste em uma versão mais ampla e detalhada da proposta de trabalho, acrescida de alguns itens e com vistas à execução da consultoria em si. Esse documento registra e orienta o trabalho do consultor, sob o firmamento formalizado das condições acordadas com o contratante na proposta de trabalho. Após sua submissão, o plano de trabalho precisa ser aprovado pelo consulente. Essa formalização serve de guia das atividades e entregas até o final da consultoria.

Além de abordar, implícita ou explicitamente, os tópicos presentes na proposta de trabalho com maior riqueza de detalhes e o conteúdo acordado com o contratante, o plano de trabalho deve conter:

- **Cronograma de trabalho** – É a descrição de cada atividade a ser realizada em etapas ou subdivisões do prazo total de trabalho acordado. O cronograma informa ao consultor e ao consulente a natureza, as características, a complexidade e a sequência das atividades a serem executadas ao longo da consultoria, além dos intervalos específicos de tempo que cada uma há de exigir e os prazos de entrega dos produtos.
- **Consumo de recursos** – Descrição detalhada dos recursos (quantidade, especificações etc.) e de como serão geridos durante a consultoria. Deve conter informações cruzadas com o cronograma de trabalho, associando cada recurso a uma ou mais atividades específicas que irão consumi-lo ou utilizá-lo. Dessa forma, as partes podem ter maior clareza sobre a necessidade, a finalidade, a duração e a eficiência prevista de cada recurso listado pelo consultor durante os trabalhos de consultoria.

- **Acordo de pagamentos** – Registro das informações sobre a forma de pagamento e os valores acordados com o contratante como remuneração pelo serviço de consultoria. A diferença entre essa listagem de valores e aquela feita na proposta de trabalho é que as condições de pagamento registradas no plano de trabalho já passaram por todo o processo de negociação e aprovação de ambas as partes (consultor e contratante) e constitui relação importante no planejamento efetivo de trabalho feito pelo consultor.

Portanto, o plano de trabalho consolida e formaliza todas as informações acordadas entre consultor e consulente quanto às condições de trabalho, gestão de recursos, prazos e realização de atividades e resultados esperados. Com isso, esse documento provê esclarecimento e transparência ao consulente, orientação e direção ao consultor, e controle e formalidade para a relação entre as partes.

Já na segunda etapa do planejamento, ou seja, a **implementação**, o consultor procede ao **acompanhamento** e ao **controle de qualidade** desse plano. É o momento de colocar em prática, executar as ações e aplicar as metodologias estabelecidas previamente com o fito de obter progresso e resultados nos trabalhos de consultoria. É importante ter em mente que a implementação pode não ocorrer de uma única vez, pois, a depender da complexidade da consultoria em questão, as atividades realizadas podem exigir ações simultâneas ou sequenciais ao longo da prestação do serviço.

Durante a subetapa de **acompanhamento**, o consultor deve documentar cada ação empreendida, sua respectiva ordem de execução, passo a passo, possíveis adaptações feitas em relação à ação planejada e à ação efetivamente executada, dificuldades encontradas etc. O consultor também deve registrar informações, descobertas, contribuições, conclusões e/ou resultados obtidos em cada ação implementada.

Tomando essas medidas, o consultor lança mão de informações suficientes para comparar a abrangência, o prazo, o método e os resultados esperados de cada ação planejada e efetivamente executada. Sendo assim, durante a subetapa de **controle de qualidade**, ou **avaliação**, o consultor deve buscar maneiras de intervir no andamento da consultoria e tomar ações para corrigir possíveis desvios de qualidade, antes que tal correção se torne inviável ou que tais desvios persistam até o final da consultoria.

Barbetta (2012) divide os projetos de consultoria em duas grandes fases, a saber: (1) caracterização e (2) execução. A **caracterização** se subdivide em: identificação do problema; estabelecimento de objetivos e metas; e elaboração da proposta de trabalho e do plano de trabalho. Na fase de **execução**, ocorrem a operacionalização, o acompanhamento e a avaliação do trabalho de consultoria.

Na Figura 3.1, obsrva-se a relação entre o tempo estimado de uma consultoria e o nível de intensidade do trabalho.

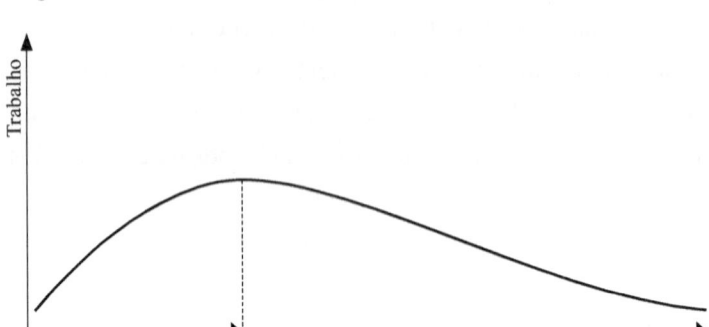

**Figura 3.1** – Relação entre a intensidade do trabalho e o tempo despendido em uma consultoria

*[Gráfico: eixo vertical "Trabalho", eixo horizontal "Tempo", com curva que sobe até um pico na região "Caracterização" e desce ao longo da "Execução".]*

Fonte: Barbetta, 2012, p. 24.

## 3.1.1 Definição dos processos e das etapas de trabalho

A fim de desenvolver um planejamento de trabalho consistente com os desafios da consultoria, o consultor precisa zelar por alguns aspectos da etapa de contextualização. Mais especificamente, nas subetapas de identificação do problema-alvo e observação de seu ambiente, é aconselhável que o consultor conheça bem o contexto histórico da organização à qual está prestando serviço.

Para tanto, esse profissional precisa estudar a história da instituição, atentando-se a: quando foi criada; para qual finalidade; por quais transformações significativas passou nos anos recentes; quais são as características do mercado ou do ramo em que atua e qual perfil desempenha nele; quais são os valores e a cultura organizacional etc.

Posteriormente, o consultor deve investigar a situação atual da instituição para averiguar: quais são e quão graves são os problemas gerenciais na organização; qual é a natureza dos problemas que a afligem (econômico-financeira, relações humanas, gerencial, burocrática, baixa produtividade etc.); qual é o grau de harmonia entre os fatores produtivos; quais são as informações cujo conhecimento contribuiria para a solução ou a redução das dificuldades detectadas etc.

O levantamento das informações na pesquisa histórica da instituição e a observação de seu atual contexto fornecem ao consultor conhecimento sólido sobre o objeto da consultoria em curso. Ademais, permitem a ele: antecipar possíveis dificuldades a serem enfrentadas ao longo da prestação; perceber a necessidade de alterações no plano de trabalho; identificar adversidades históricas superadas e estruturais; e detectar fatores determinantes ou influentes no problema-alvo principal ainda não considerados.

Ainda na etapa de contextualização, o consultor pode fazer uso de ferramentas da qualidade para diagnóstico de problemas, entre elas: diagrama de Pareto, diagrama de Ishikawa e Questionário de Diagnóstico Organizacional (QDO).

O **diagrama de Pareto** é um gráfico desenvolvido pelo economista italiano Vilfredo Pareto (1848-1923), geralmente exibido em barras ou colunas, que ilustra o percentual de contribuição de cada fator na existência de um problema (Lins, 1993). Na representação visual do diagrama (Gráfico 3.1), os fatores são representados em ordem decrescente daquele com maior participação proporcional no problema-alvo para aquele com menor participação. A aplicação desse diagrama parte do pressuposto de que poucos fatores são responsáveis pela maior parte dos problemas; logo, um tratamento prioritário a esses fatores tende a ser mais eficaz.

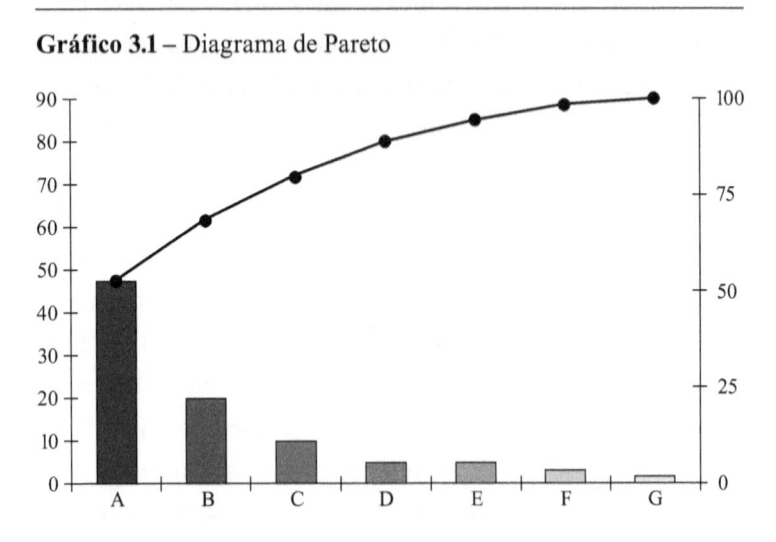

**Gráfico 3.1** – Diagrama de Pareto

Durante o estudo do histórico da organização do ente contratante, a identificação do problema-alvo e a observação do ambiente, o consultor pode listar os fatores-problema observados, destacando a magnitude de sua participação no problema-alvo como um todo. Feita essa listagem, a aplicação do diagrama de Pareto permitirá identificar quantitativa e visualmente os fatores-problema mais influentes, sendo possível, por conseguinte, vislumbrar um tratamento prioritário para solucionar grande parte do problema-alvo.

Outra ferramenta bastante útil na identificação de problemas é o **diagrama de Ishikawa**, também conhecido como *diagrama de causa e efeito* ou *diagrama espinha de peixe*. Criação do engenheiro japonês Kaoru Ishikawa (1915-1989), esse diagrama ilustra os fatores causadores de um problema e os meios ou áreas pelas quais eles se manifestam, sob uma representação visual semelhante à espinha de um peixe (Lins, 1993), conforme mostra a figura a seguir.

**Figura 3.2** – Diagrama de Ishikawa

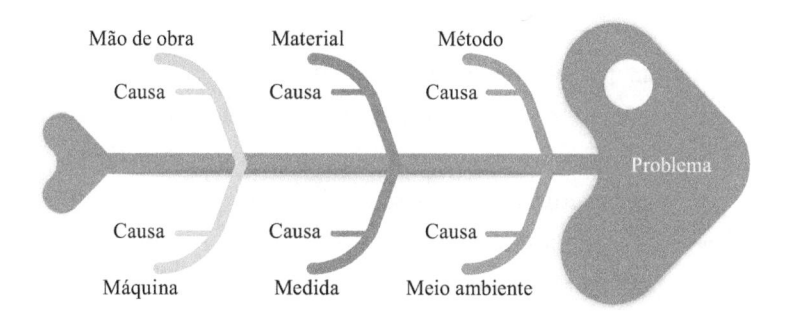

Whale Design/Shutterstock

O consultor pode aplicar o diagrama de Ishikawa partindo de uma macroperspectiva para uma microperspectiva no decorrer de sua construção. Assim, o profissional assinala o problema-alvo na área correspondente à cabeça do peixe e, na sequência, registra os pontos em que o problema se manifesta na espinha central e aqueles em que residem suas possíveis causas nas espinhas secundárias. Por fim, o consultor lista cada problema de escala menor individual, associado a cada área, respectivamente (representando as ramificações ou espinhos menores).

Outra ferramenta é o **Questionário de Diagnóstico Organizacional** (QDO), que pode ser construído mediante a listagem de áreas de manifestação do problema-alvo ou do tema sobre o qual se busca informações. O questionário pode ser aplicado a diferentes grupos de respondentes (gestores, funcionários de operação, fiscais, entre outros), em sua totalidade ou a uma amostra de respondentes, a fim de captar informações a partir da perspectiva dos agentes mais próximos a cada área ou quesito de manifestação do problema.

> ### EXEMPLIFICANDO
>
> Suponha que um consultor está conduzindo uma avaliação independente sobre um programa governamental de transferência de renda e inclusão produtiva. Nesse caso, o QDO pode ser estruturado com base em áreas ou quesitos como: operação, preparo, estrutura e organização e controle de qualidade do programa.

Quando orientado por um caráter qualitativo, o QDO enfoca informações descritivas e o mais detalhadas possível a depender da disponibilidade dos respondentes e das necessidades ou preferências do consultor. Pode funcionar como uma entrevista com perguntas abertas (sem padrões de resposta previamente definidos), sendo aplicado presencialmente, por telefone e por videoconferência e documentado por escrito, em áudio, em áudio e vídeo, e assim por diante.

> ### EXEMPLIFICANDO
>
> Para o quesito operação do exemplo expresso anteriormente, o consultor poderia incluir as seguintes questões: *Como se dão as transferências de renda às famílias atendidas pelo programa? Como são definidos os valores a serem*

*transferidos aos beneficiários do programa? Quais são os critérios adotados para identificar e determinar a transferência de renda?*

No quesito preparo, poderiam ser incluídas perguntas como: *Quais recursos são utilizados na operacionalização do programa e no atendimento aos beneficiários? Qual é a qualificação exigida para os operadores do programa?*

No quesito estrutura e organização, o consultor pode lançar perguntas como: *Qual é a estrutura organizacional de funcionamento do programa? Como é o relacionamento entre os agentes dessa estrutura? Como funciona o financiamento do programa?*

Por fim, no quesito controle de qualidade, as perguntas pertinentes seriam: *Quais procedimentos estão previstos no programa para lidar com desvios de qualidade? Como é feito o acompanhamento das famílias beneficiárias do programa? Quais critérios são adotados para determinar quando os beneficiários superaram a condição desejada? Como é feito o pós-acompanhamento dos beneficiários?*

Sob uma orientação quantitativa, as perguntas do QDO podem ser definidas de modo que se obtenham respostas que possam ser mensuradas quantitativamente e com padrões predefinidos, visando captar percepções sobre hipóteses levantadas pelo consultor. Um padrão bastante utilizado é o das **escalas de afirmação autodescritiva**, no qual as respostas às perguntas devem ser assinaladas pelo respondente entre as seguintes alternativas: 1 – concordo plenamente; 2 – concordo com ressalvas; 3 – posição neutra; 4 – discordo com ressalvas; 5 – discordo veementemente. O exemplo mais famoso desse tipo de escala é a **Escala Likert**, muito utilizada em pesquisas de opinião e satisfação.

> ### Exemplificando
>
> Sob o caráter quantitativo, como no exemplo anterior, a área de operação poderia envolver afirmações a serem julgadas pelos respondentes como: *As transferências de renda realizadas no programa são adequadas à proposta do programa? Os valores transferidos aos beneficiários são coerentes para com suas necessidades? Os critérios utilizados pelo programa são eficazes em identificar os beneficiários com o perfil-alvo?*
>
> Seguindo essa lógica, para o quesito preparo, o QDO poderia conter assertivas como: *Os recursos utilizados na operação do programa e no atendimento aos beneficiários são suficientes para seu bom funcionamento? O treinamento oferecido aos operadores do programa é suficiente para capacitá-los para as atividades diárias?*
>
> O quesito estrutura e organização poderia envolver assertivas como: *Tenho uma relação amigável e favorável ao trabalho com meu(s) superior(es) ou subordinado(s)? O financiamento do programa é adequado, transparente e sustentável? A estrutura organizacional do programa conta com uma boa divisão do trabalho?*
>
> Finalmente, o quesito controle de qualidade poderia conter assertivas como: *O monitoramento do programa conta*

> com indicadores de qualidade adequados? O programa tem um tratamento eficaz contra desvios identificados? Os usuários finais do programa estão satisfeitos com a qualidade dele? O acompanhamento dos beneficiários tem frequência satisfatória e avalia aspectos relevantes ao programa?

Em síntese, o produto do QDO é um conjunto de respostas que podem ser agrupadas, analisadas e mensuradas com facilidade pelo consultor. Essas respostas auxiliam na pré-análise, ou análise diagnóstica. Com base nisso, o consultor tem mais subsídios para identificar os pontos com maior proporção de respostas negativas e, assim, investigar as causas do problema-alvo e propor medidas para seu tratamento.

O uso de ferramentas da qualidade também é bastante proveitoso tanto na subetapa de pré-análise, na qual o consultor faz a identificação do problema-alvo durante a fase de contextualização da consultoria, quanto na subetapa de controle de qualidade, que compõe a fase de implementação. A seguir, versamos detidamente sobre as ferramentas mais adequadas para esses propósitos: ciclo PDCA, fluxograma, 5W2H e matriz GUT.

O **ciclo PDCA** (ilustrado na Figura 3.3) consiste em um conjunto de ações ou estratégias a serem executadas em sequência a fim de solucionar um problema (Lins, 1993). Sua aplicação favorece o controle adequado do andamento dos trabalhos de consultoria, de modo que sejam desenvolvidos em uma sequência lógica, com qualidade e ênfase nos objetivos.

**Figura 3.3** – Ciclo PDCA

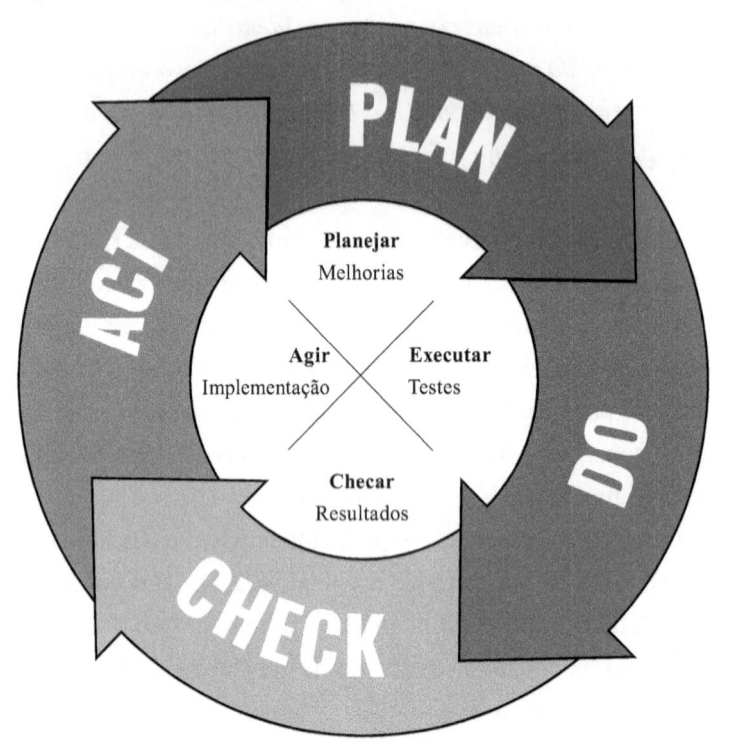

A primeira etapa do ciclo é o *Plan* (do verbo em inglês *to plan*, "planejar"), na qual o agente identifica e compreende o problema, elabora estratégias, levanta hipóteses, recursos, ferramentas e define ações para solucioná-lo. A sequência de atividades do planejamento de consultoria seria equivalente à fase de caracterização, ou contextualização, envolvendo ações como: identificação do problema-alvo, conhecimento do objeto, definição de circunstâncias de trabalho, elaboração da proposta de trabalho, do plano de trabalho etc.

A segunda etapa é o *Do* (verbo *to do* em inglês, "fazer"), na qual o agente implementa as ações e estratégias definidas na etapa anterior a fim de, efetivamente, lidar com o problema em questão. Essa etapa seria equivalente à fase de implementação do planejamento de trabalho, na qual o consultor realiza pesquisas, coleta ou administra dados e aplica métodos para obter resultados.

A terceira etapa é o *Check* (do verbo em inglês *to check*, "verificar"), na qual o agente observa os resultados aparentemente obtidos pela implementação das ações e estratégias na etapa anterior e identifica possíveis falhas, desvios ou inconsistências. Nesse caso, o controle de qualidade de cada atividade é realizado em uma sequência intercalada de execução e monitoramento.

Por fim, a última etapa é o *Act* (do verbo em inglês *to act*, "agir"), na qual o agente, após o monitoramento das ações e estratégias implementadas, interfere no andamento do processo com o fito de corrigir os desvios, as falhas ou as inconsistências identificadas, manter um alto padrão de qualidade e garantir o cumprimento dos objetivos do trabalho. Essa etapa segue a verificação das ações empreendidas e sua comparação com as ações planejadas, visando à correção de possíveis erros e desvios de qualidade.

O **fluxograma** é uma ferramenta básica da qualidade que permite descrever processos visualmente, indicando tarefas, agentes, ações, decisões e/ou outros elementos na sequência em que ocorrem (Lins, 1993), conforme o exemplo da Figura 3.4. O consultor pode utilizá-lo tanto na construção do planejamento de seu trabalho quanto na explicação de constatações que obteve ao longo da consultoria. Essa ferramenta oferece uma representação visual de um ou mais processos, facilitando a compreensão do consultor, do contratante ou de terceiros a respeito das etapas da consultoria.

**Figura 3.4** – Exemplo de fluxograma

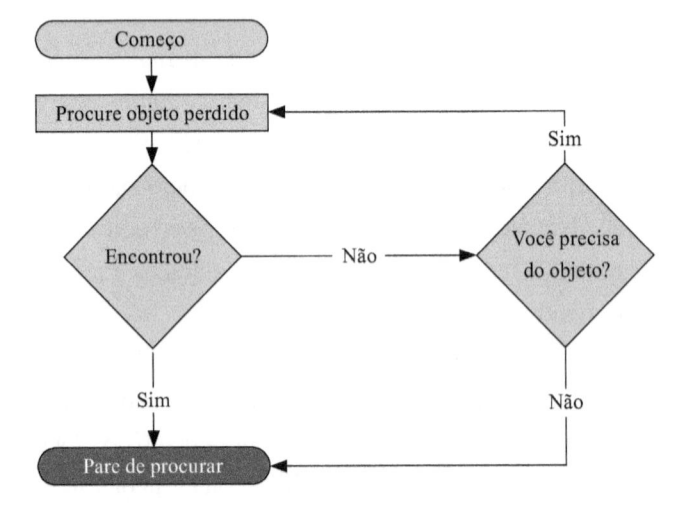

Cada fluxograma pode apresentar uma estrutura diferente, com mais ou menos elementos em sua composição. Entretanto, todo fluxograma contém certos elementos: pontos de início e de término (representados por um retângulo arredondado); uma atividade, tarefa, agente ou evento (representado por um retângulo); uma decisão ou escolha (representada por um losango); uma resposta ou resultado (representado por um círculo); e linhas que ilustram a sequência de etapas de um processo, com suas devidas ramificações a cada decisão.

Ainda, o consultor pode orientar o planejamento e a execução de seu trabalho valendo-se da ferramenta **5W2H**. Tal estrutura consiste em sete palavras-chave que servem de orientação na busca por uma resposta, solução ou conclusão de objetivos, que são: *what* (o quê), *who* (quem), *where* (onde), *why* (por quê), *when* (quando), (quanto) e *how* (como) (Sousa; Leite, 2011), conforme o diagrama apresentado na Figura 3.5.

**Figura 3.5** – Diagrama 5W2H

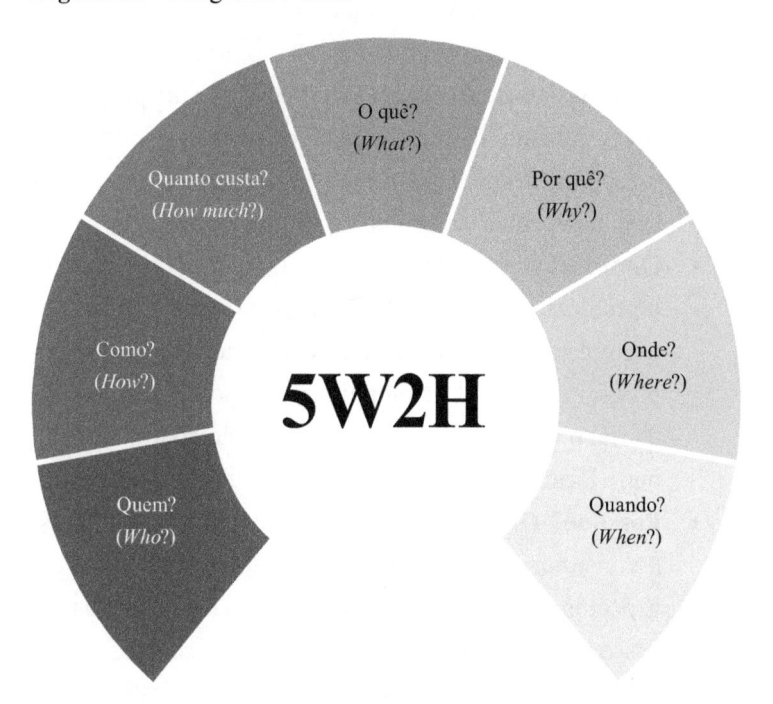

O quê? (*What?*)
Quanto custa? (*How much?*)
Por quê? (*Why?*)
Como? (*How?*)
5W2H
Onde? (*Where?*)
Quem? (*Who?*)
Quando? (*When?*)

A seguir detalhamos cada uma dessas perguntas:

- **O quê? (*What?*)** – Visa estabelecer o problema a ser resolvido, delimitando-se o objeto da consultoria. Essa definição pode ser feita na forma de uma pergunta e deve ser geral o suficiente para delimitar todos os domínios da consultoria, mas específica o suficiente para não deixar o escopo amplo demais.
- **Quem? (*Who?*)** – Busca identificar o agente ou grupo de agentes-alvo, passivos de uma análise e/ou sujeitos a uma intervenção proposta por um estudo, uma pesquisa ou uma consultoria. Retomando o exemplo de um programa governamental de transferência de renda, poderiam ser os beneficiários do programa ou os agentes que o operam, a depender do problema-alvo em questão.
- **Onde? (*Where?*)** – Objetiva apontar o local onde ocorre o problema-alvo e onde pretende-se tratá-lo. Ainda no exemplo anterior, equivaleria às unidades de gestão do programa, o local de atendimento à população beneficiária, o ambiente da sede da instituição contratante ou outro local a depender do objeto de estudo da consultoria.
- **Por quê? (*Why?*)** – Designa os motivos pelos quais a consultoria será levada a cabo, apontando todos os aspectos que justificam a alocação dos recursos e o processo da consultoria em si. Quanto mais recursos forem mobilizados, mais importante será a justificativa apresentada nesse item.
- **Quando? (*When?*)** – Designa o espaço temporal no qual se pretende aplicar a proposta desenvolvida e

apresentada pela consultoria. Mais do que uma data específica, refere-se ao contexto atual da empresa, que pode utilizar como base para suas análises diversos horizontes de tempo, desde prazos mais longos (dados dos últimos cinco ou dez anos, por exemplo) até prazos muito curtos (como o último ano ou semestre).

- **Quanto custa?** (*How much?*) – Consiste na identificação, definição e listagem de recursos ou insumos necessários para efetivamente implementar as ações ou mudanças propostas pela consultoria. É importante que essa listagem de recursos vá além de valores monetários agregados, tendo riqueza de detalhes com relação a espécie (mão de obra, qualificação e treinamento, tecnologia, materiais etc.), quantidade e possíveis especificações de qualidade dos recursos apontados. Quanto mais detalhes forem considerados pelo consultor, menores serão as chances de ele se esquecer de algum aspecto importante ou de propor uma ação pouco factível.
- **Como?** (*How?*) – É o ponto em que se indica o método, a forma e a abordagem definidos para solucionar o problema analisado e alcançar os objetivos da consultoria. O objeto da consultoria, vale lembrar, pode demandar uma avaliação quantitativa, qualitativa, quali-quantitativa ou abordagens quasi-experimentais (métodos de avaliação de impacto).

Outra ferramenta muito útil no planejamento e na condução dos trabalhos de consultoria é a **matriz GUT**, nome formado pelas iniciais das palavras *gravidade*, *urgência* e *tendência*. Essa matriz demonstra visualmente os temas ou aspectos prioritários de um problema, elencando-os em ordem decrescente a partir de uma nota atribuída (Santos et al., 2021). O Quadro 3.1 apresenta uma sugestão da matriz GUT com notas de 1 a 5.

**Quadro 3.1** – Matriz GUT

| Gravidade | Urgência | Tendência |
|---|---|---|
| 5 – Gravíssimo | 5 – Necessita ação imediata | 5 – Irá piorar rapidamente se nada for feito |
| 4 – Muito grave | 4 – Urgente | 4 – Irá piorar em pouco tempo se nada for feito |
| 3 – Grave | 3 – O mais rápido possível | 3 – Irá piorar |
| 2 – Pouco grave | 2 – Pouco urgente | 2 – Irá piorar a longo prazo |
| 1 – Sem gravidade | 1 – Pode esperar | 1 – Não tem tendência de piora |

O quesito **gravidade** compreende o nível de periculosidade, severidade e demais transtornos assumidos como consequência de determinado problema. O dano ou prejuízo associado a um problema é diretamente proporcional ao seu nível de gravidade; logo, um problema de alta gravidade deve ser priorizado em relação aos demais que sejam menos graves.

A **urgência** é a rapidez com que deve ser feita uma intervenção a fim de reduzir ou solucionar o problema em questão, a necessidade de uma ação imediata e o nível de prontidão exigido. Quanto mais urgente é um problema, mais cedo o consultor precisa promover uma intervenção.

Por fim, o quesito **tendência** aponta para o horizonte ou cenário mais provável caso o problema em questão continue a ocorrer, ou seja, é uma perspectiva do futuro que se pode imaginar. Esse quesito serve para que o consultor faça uma comparação entre o cenário idealizado pela consultoria e o cenário em que o problema em questão pode se tornar real, a fim de compreender melhor o nível de prioridade com que se deve lidar com ele.

O resultado de uma matriz GUT é o **coeficiente de prioridade** (P) associado ao tema, problema, aspecto ou qualquer outro item analisado. Esse coeficiente pode ser obtido pela multiplicação das notas atribuídas aos três quesitos contemplados. Desse modo, quanto maiores forem os níveis desses quesitos, maior será o nível de prioridade geral do tema analisado.

Durante a fase de implementação, o consultor empreende esforços com o intuito de colocar em prática o planejamento feito durante a fase de contextualização. A implementação pode envolver mais ou menos atividades, como pesquisa bibliográfica, coleta de dados, uso de *softwares*, aplicação de metodologias e documentação dos resultados obtidos.

A **pesquisa bibliográfica** envolve a identificação e a leitura de artigos científicos, teses, livros e outros materiais de caráter científico que exploram temas semelhantes à proposta da consultoria, que utilizam métodos semelhantes ao planejado pelo consultor a fim de resolver um problema ou que fundamentam as bases teóricas sob as quais uma consultoria é desenvolvida.

A **coleta de dados** pode ser:

- **completa** (ou primária): quando envolve uma fonte original, o que depende da obtenção de uma amostra, da mensuração periódica de indicadores etc.; ou

- **simplificada** (ou secundária): quando os dados obtidos estão previamente construídos, agregados e disponíveis para o uso, bastando selecioná-los, complementá-los ou adaptá-los a certas necessidades.

Em um mundo digital, no qual as informações e os dados são cada vez mais pesados e digitalizados, o consultor pode recorrer a *softwares* desenvolvidos para exploração, transformação, processamento e visualização de dados em média ou larga escala. Também pode lançar mão de *softwares* específicos para a aplicação de dada metodologia.

A depender do objeto de consultoria e dos objetivos do serviço de consultoria, o consultor pode recorrer a diversos métodos ou combinações de métodos, como estatística descritiva, inferência estatística, probabilidade, técnicas de amostragem, entrevistas, correlação e regressão, estudo comparativo de caso, métodos experimentais e métodos quasi-experimentais.

Por fim, o consultor deve documentar os resultados, as conclusões, as descobertas ou as constatações obtidas ao longo do desenvolvimento da consultoria, ainda que se mostrem contrários à hipótese do consultor ou à expectativa do contratante. O consultor pode registrar o passo a passo utilizado para alcançar os resultados, bem como os resultados em si, em forma de texto, arquivos multimídia, planilhas de dados, entre outros formatos. A consolidação desses resultados em um só documento resulta no **relatório estatístico**.

Fazendo uso de ferramentas da qualidade e outros recursos, o consultor pode desenvolver um bom planejamento de trabalho (contextualização e implementação).

A seguir, detalharemos a pré-análise dos dados utilizados em uma consultoria, que pode ser feita antes da efetiva aplicação da metodologia definida no escopo do serviço.

## 3.2 Pré-análise dos dados

Antes da realização de estudo, análise, avaliação ou outro procedimento fundamental para o cumprimento dos objetivos de um trabalho de consultoria, é recomendado empreender uma pré-análise dos dados da consultoria. Esse esforço envolve a construção de estatísticas descritivas, que, por sua vez, podem compreender medidas de tendência central, medidas de posição, medidas de dispersão, inferência estatística, entre outras coisas.

As **medidas de tendência central** são medidas quantitativas que resumem e descrevem um conjunto de observações de uma variável em um único valor, o que permite visualizar os dados de maneira simples e objetiva. São de extrema utilidade na construção de estatísticas descritivas e exploração de dados. Alguns exemplos são a **média** (aritmética ou simples, geométrica, harmônica, ponderada, entre outras), a **mediana** e a **moda**.

> ### Exemplificando
>
> Um consultor está prestando uma consultoria estatística para uma campanha publicitária de uma empresa. Ele pode aplicar medidas de tendência central para: extrair informações sobre o consumo médio por faixa etária (média); as idades mais comuns entre seus consumidores (moda); o produto com vendas em um patamar intermediário e que pode ser alvo de expansão (mediana) etc.

Outro grupo de ferramentas utilizadas nas estatísticas descritivas é o das **medidas de posição**, que são medidas quantitativas que designam e discriminam valores em um conjunto de observações de uma variável com base em suas posições. Sua aplicação pode depender ou não de uma organização prévia dos dados em uma ordenação específica. Elas contribuem para a compreensão de quais valores ocupam determinada posição dentre os dados observados. Exemplos de medidas de posição são o **quartil**, o **quintil**, o **decil** e o **percentil**.

## Exemplificando

Tomamos novamente o caso da consultoria estatística para orientação de uma campanha de publicidade para uma empresa. O consultor pode utilizar medidas de posição para identificar que 25% (primeiro quartil) dos clientes da empresa estão na faixa etária até 25 anos. Ainda, pode identificar que 99% (99º percentil) dos clientes da amostra têm menos de 40 anos. As estatísticas descritivas poderiam apontar que existem indivíduos na amostra com mais de 40 anos, mas que estes representam apenas 1% do todo. Apesar de a quantidade de indivíduos acima de 40 anos ser muito pequena, a depender da diferença de idade dos indivíduos mais velhos da amostra, a média dos dados pode não ser uma informação confiável na segmentação desse mercado.

Ainda no campo da estatística descritiva, existem as **medidas de dispersão**, que são medidas quantitativas que designam e discriminam valores relativos à dispersão dos valores em uma amostra. Podem ser úteis na compreensão do comportamento de determinadas variáveis, da dimensão de oscilação de valores, entre outras tarefas. Alguns exemplos de medidas de dispersão são a **variância**, o **desvio padrão**, o **coeficiente de variação** e o **intervalo de confiança**.

## EXEMPLIFICANDO

Ainda no exemplo da consultoria estatística para orientação de uma campanha de publicidade, o consultor pode utilizar medidas de dispersão para determinar a concentração dos preços dos produtos mais vendidos. Um achado possível seria que variância dos preços dos produtos do segmento A é maior do que a variância dos preços dos produtos do segmento B. Caso quisesse comparar a dispersão entre duas variáveis com escalas de mensuração distintas – como preço e idade –, o consultor poderia utilizar o coeficiente de variação, que serve para calcular a dispersão em termos relativos ao valor médio.

O Quadro 3.2, a seguir, apresenta o elemento a ser identificado mediante o uso das principais medidas de tendência central, posição e dispersão.

**Quadro 3.2** – Medidas descritivas em estatística

| Classificação | Medida | Foco |
|---|---|---|
| Medidas de tendência central | Média | Valor médio entre um conjunto de variáveis ou observações |
| | Mediana | Valor equidistante entre o primeiro e o último elemento, organizado em ordem crescente |
| | Moda | Valor que mais se repete em um conjunto de observações de dados |
| Medidas de posição | Quartil | Observações de dados de acordo com sua segregação entre os quartos (divisão em quatro partes) do conjunto total de observações |
| | Quintil | Dados segregados em quintos (divisão em cincos partes) do conjunto total de observações |
| | Decil | Dados segregados em décimos (divisão em dez partes) do conjunto total de observações |
| | Percentil | Dados segregados em percentuais do conjunto total de observações |
| Medidas de dispersão | Variância | Dispersão do valor de uma observação em relação ao valor central (média) do conjunto total de observações |
| | Desvio-padrão | Erro médio pelo qual os valores de uma distribuição podem ser corrigidos para se aproximarem da média |
| | Coeficiente de variação | Percentual representado pelo desvio-padrão em cada observação de dados de sua média |
| | Intervalo de confiança | Limite inferior e superior (faixa de valores) entre os quais um valor estimado pode oscilar |

Para uma pré-análise mais completa, o consultor pode, ainda, recorrer à **inferência estatística**. Diferente da estatística descritiva, que apenas retrata as características dos dados de maneira univariada, a inferência estatística permite obter *insights*, conclusões ou indícios valiosos sobre variáveis e relações multivariadas entre os dados. Por meio dela, é possível inferir relações entre as variáveis e obter informações relevantes para orientar a análise principal da consultoria. Além disso, o consultor pode utilizá-la para identificar inconsistências e extrair hipóteses e/ou conclusões quantitativas preliminares.

Ainda no campo da inferência estatística, o consultor pode fazer uso de **análise de regressão** para verificar e observar a existência de correlações entre variáveis relacionadas ao objeto da consultoria. Dessa forma, o profissional pode descobrir padrões de comportamento de uma ou mais variáveis de interesse com base em uma variação em uma ou diversas variáveis.

Um **modelo de regressão simples** é a estimação do coeficiente que exprime a relação entre duas variáveis: uma variável de interesse ou dependente (cujo padrão de comportamento ante a variação de outra variável o consultor deseja analisar) e uma variável independente (cuja associação ou não de suas oscilações de valor ou presença com a variável dependente são alvo do interesse do consultor) (Gujarati; Porter, 2011).

Quando um modelo de regressão apresenta uma variável dependente e duas ou mais variáveis independentes, este é considerado um **modelo de regressão múltipla**. Dessa forma, o consultor pode verificar a magnitude e o grau de significância com que as variações de valor ou presença de cada variável associam-se às variações da variável de interesse ou dependente (Gujarati; Porter, 2011).

> ### Exemplificando
>
> Ainda tratando da consultoria para uma campanha de publicidade, o consultor poderia fazer uma regressão para estimar a diferença do número médio de vendas em decorrência de campanhas de *marketing* entre pessoas de faixas etárias distintas. Nesse caso, a quantidade de vendas via campanha de *marketing* seria a variável de interesse ou dependente, e a variável que identifica as pessoas por faixa etária poderia ser uma variável *dummy* (variável binária, que assume valor 0 para falso e 1 para verdadeiro) para diversos intervalos de idade (Gujarati; Porter, 2011).

Ao considerar mais variáveis independentes e possivelmente relacionadas à variável de interesse, a análise de regressão múltipla favorece a compreensão do comportamento da variável de interesse.

> ### Exemplificando
>
> Complementando o exemplo que temos analisado, o consultor poderia analisar a significância estatística da relação entre o número de vendas em decorrência de campanhas de *marketing* para pessoas entre 18 e 24 anos, pessoas que utilizam determinada rede social, renda mensal das pessoas, entre outras variáveis independentes.

## Para saber mais

WOOLDRIDGE, J. M. **Introdução à econometria**: uma abordagem moderna. Tradução de José Antônio Ferreira. 3. ed. São Paulo: Cengage Learning, 2017.
Trata-se de uma obra que aborda a prática da econometria sem excessos teóricos, bastante comuns em outros livros de caráter introdutório. Com muitos exemplos e explicações em abordagens aplicadas, a leitura desse material é fortemente recomendada para quem quer aprender estatística e econometria utilizando os principais *softwares* estatísticos.

Por fim, o consultor pode utilizar **representações visuais** durante a pré-análise dos dados, que são recursos que proporcionam uma melhor e mais efetiva compreensão das características e dos padrões identificados. Essas representações visuais podem ser gráficos (de barras, colunas, *pizza*, rosca, linha etc.), tabelas, quadros, diagramas de dispersão etc.

Também são úteis **comparações** entre diferentes cenários, variáveis e situações, considerando um patamar ideal e observado, uma média histórica e uma média de um período específico ou comparações com outro objeto semelhante àquele estudado na consultoria. É importante que o consultor tenha em mente que essas comparações não podem fundamentar conclusões quantitativas causais, mas podem auxiliá-lo no levantamento de hipóteses e na identificação de elementos que devem ser priorizados.

## Estudo de caso

A empresa do setor de comunicações e produções audiovisuais Dinamizando Comunicações contratou um consultor para realizar uma avaliação quali-quantitativa das diferentes modalidades de trabalho oferecidas a seus funcionários, a saber, trabalho presencial, *home office* (a distância) e modelo híbrido (presencial e a distância). Uma de suas motivações para isso está atrelada a sua independência, pois tinha interesse de que um agente externo desenvolvesse a pesquisa e avaliasse, entre outros aspectos, a relação entre as diferentes modalidades e o desempenho dos funcionários.

Além da avaliação das modalidades de trabalho, a empresa deseja obter uma matriz de indicadores de satisfação, adequação e produtividade sobre cada modalidade de trabalho. Portanto, os produtos esperados para a consultoria são um relatório estatístico que contenha o estudo com as diferentes modalidades de trabalho e os resultados da matriz de indicadores, além de uma apresentação desses resultados para o alto escalão da empresa.

Depois de ter estudado o contexto histórico da empresa, as circunstâncias e finalidades da adoção de cada modalidade de trabalho, o consultor promoveu duas reuniões – uma com gestores e outra com os demais colaboradores – para verificar as competências associadas ao trabalho nas diferentes modalidades. Compreendidas as expectativas do ente contratante a respeito do produto, o consultor apresentou uma proposta de trabalho, aprovada pelo ente contratante. Com base nessas informações, o consultor elaborou, submeteu e teve aprovado seu plano de trabalho, documento que continha, além das informações da proposta, um cronograma de atividades, datas de entrega e pagamentos e detalhes metodológicos da consultoria.

Durante a contextualização do planejamento, o consultor fez uso do ciclo PDCA para estruturar a sequência de etapas que desenvolveu para alcançar os objetivos do trabalho. Na etapa de planejamento (*plan*), o profissional definiu que a ferramenta utilizada para captar as percepções qualitativas dos funcionários seria o Questionário de Diagnóstico Organizacional (QDO) quantitativo aplicado digitalmente a todos os funcionários em nuvem. Decidiu, ainda, fazer entrevistas com uma amostra intencional de gestores e funcionários de cada departamento, com a qual pretendia aplicar outro QDO qualitativo (com questões abertas).

Com o primeiro questionário, o consultor iniciou a implementação (*do*) captando a proporção de funcionários em cada modalidade de trabalho e a percepção qualitativa destes e dos gestores sobre: produtividade, qualidade de trabalho, saúde mental e *stress*, satisfação, uso do tempo, ambiente de trabalho e compromisso. Ele também verificou (*check*) o andamento da coleta dessas informações em comparação com o planejamento feito e aplicou intervenções (*act*) quando necessárias para que o planejamento fosse cumprido e os resultados, alcançados.

Esse QDO subsidiou a quantificação dos aspectos qualitativos avaliados e a criação de indicadores para a matriz de resultados, complementada por dados de produtividade relativos ao período de referência da consultoria fornecidos pela empresa-cliente. Em posse desses dados, o consultor realizou uma pré-análise por meio de estatísticas descritivas e inferências estatísticas para obter maior conhecimento e construir com riqueza de informações e qualidade o relatório estatístico com sua matriz de indicadores.

Por fim, no segundo QDO, com a condução de entrevistas com uma amostra de gestores e funcionários, o consultor obteve informações mais abrangentes sobre as percepções dos respondentes em relação a cada modalidade de trabalho. Sendo assim, o consultor entregou à Dinamizando Comunicações um relatório estatístico contendo uma matriz de resultados na data acordada no plano de trabalho. Por fim, o profissional acordou uma data para apresentação dos resultados às partes interessadas, demonstrando a eficiência do trabalho híbrido na empresa analisada.

## O QUE É

- **Sondagem de expectativas** – Processo ou instrumento pelo qual o consultor toma conhecimento das características, dos objetivos e dos desejos que o contratante da consultoria tem em relação aos resultados, às conclusões e aos produtos de trabalho. É por meio dela que o consultor define as circunstâncias de trabalho com clareza e em conformidade com o que o consulente espera.
- **Proposta de trabalho** – Documento oficial em que o consultor descreve e registra formalmente as

circunstâncias da consultoria a ser prestada, em resposta à apresentação de demandas e contato inicial com o contratante.

- **Plano de trabalho** – Documento mais completo e detalhado sobre as circunstâncias de trabalho. Orienta o trabalho do consultor sob as condições definidas na proposta de trabalho acordada entre as partes (consultor e contratante). Seu conteúdo deve abranger: cronograma de trabalho, estimativa de consumo de recursos, metodologia a ser utilizada, acordo de pagamentos da consultoria etc.
- **Ferramentas da qualidade** – Instrumentos utilizados pelo consultor para orientar o planejamento da consultoria, o controle do andamento dos trabalhos e/ou a construção dos produtos da consultoria. São exemplos o fluxograma, o diagrama de Pareto, o diagrama de Ishikawa e o Questionário de Diagnóstico Organizacional (QDO).
- **Estatística descritiva** – Ramo da estatística que descreve as características univariadas de uma variável por meio de instrumentos estatísticos. São exemplos as medidas de tendência central, de posição e de dispersão.
- **Inferência estatística** – Ramo da estatística que possibilita a formulação de conclusões acerca de uma população com base em uma amostra. São exemplos a correlação, a regressão simples, a regressão múltipla e a análise de variância.

## Síntese

Explicitamos, neste capítulo, que o planejamento de uma consultoria pode ser dividido em duas grandes fases: a contextualização (ou caracterização) e a implementação (ou execução).

A primeira se subdivide em pré-análise, elaboração da proposta de trabalho, acordo entre as partes e elaboração do plano de trabalho.

A pré-análise, ou análise diagnóstica, objetiva o fornecimento de conhecimento ao consultor com relação à consultoria, a fim de que este elabore a proposta de trabalho e responda à apresentação de demandas do contratante. Essa subetapa compreende o desenvolvimento de atividades por parte do consultor como identificação do problema-alvo, conhecimento do objeto de consultoria, sondagem de expectativas, compreensão das especificações de produto e da ambientação do problema-alvo.

A elaboração da proposta de trabalho visa apresentar formalmente ao contratante as circunstâncias do trabalho que o consultor pode lhe oferecer, dada a sua observação do caso e a consideração de um prazo com início e término bem definidos. A proposta de trabalho deve abordar temas como pré-análise ou análise diagnóstica, formas de abordagem do problema-alvo, objetivos de trabalho, uso de recursos, equipe de trabalho e remuneração.

Após um possível acordo entre consultor e consulente com relação à proposta de trabalho, o consultor elabora e disponibiliza o plano de trabalho. Nesse documento, são registradas as circunstâncias de trabalho acordadas entre as partes, de modo que o consultor possa conduzir os trabalhos. Sendo assim, o plano de trabalho deve abordar temas como: cronograma de trabalho, plano de consumo ou uso de recursos, acordo de pagamentos, metodologia a ser utilizada etc.

A qualidade da fase de contextualização depende, entre outros fatores, de um bom nível de conhecimento por parte do consultor do contexto histórico do ente contratante e suas conexões com a situação atual do problema-alvo. Para isso, o consultor pode recorrer ao uso de ferramentas da qualidade como fluxograma, diagrama de Pareto, diagrama de Ishikawa e Questionário de Diagnóstico Organizacional (QDO).

Já durante a implementação, o consultor executa todas as ações planejadas ao longo da fase anterior, controla o andamento dos trabalhos e elabora os produtos da consultoria. O consultor também pode utilizar ferramentas da qualidade durante a fase de implementação, entre as quais o ciclo PDCA, a estrutura 5W2H, o mapeamento de processos e a matriz GUT.

O planejamento de uma consultoria também compreende uma análise diagnóstica dos dados a serem utilizados, a qual pode envolver a elaboração de estatísticas descritivas, com emprego de ferramentas como medidas de tendência central, de posição e de dispersão. A pré-análise dos dados também comporta o uso de ferramentas de inferência estatística, como: correlação, regressão simples, regressão múltipla, além de análise de variância e/ou probabilidade.

## Exercícios resolvidos

1) (FCC/Prefeitura de Macapá/Administrador/2018) O fluxograma constitui-se em uma ferramenta de representação gráfica utilizada pelas organizações com a finalidade precípua de auxiliar

   **a.** o mapeamento de processos, indicando as etapas do fluxo correspondente, com as entradas e saídas.
   **b.** a gestão do desempenho, avaliando a atuação de todos os colaboradores com a atribuição de pontuação.
   **c.** o planejamento estratégico, com a indicação das forças e fraquezas e dos desafios e oportunidades.
   **d.** a gestão de recursos humanos, indicando todos os postos chave da organização, com os correspondentes níveis hierárquicos.
   **e.** o gerenciamento dos projetos estratégicos, com a identificação do fluxo de ações e do denominado caminho crítico.

   **Gabarito**: a

   **Comentário**: O fluxograma representa visualmente as ramificações de um fluxo ou processo, descrevendo suas entradas (decisões ou escolhas) e saídas (respostas ou resultados).

2) (Cespe/TCE-PA/Auditor de controle externo – 2016) No que concerne a gestão da qualidade, modelo de excelência gerencial e modelo de gestão pública, julgue o item que se segue.

O diagrama de Ishikawa tem a finalidade de listar todas as atividades de um processo e apresentar uma sequência lógica do que é realizado em cada uma das etapas.

( ) Certo
( ) Errado

**Gabarito**: Errado

**Comentário**: A ferramenta da qualidade descrita no enunciado é o fluxograma e o diagrama de Ishikawa, ou diagrama de causa e efeito, os quais permitem identificar as principais causas de problema e como elas se manifestam.

3) (Cespe/MEC/Analista de processos – 2015) Ainda com relação a ferramentas e técnicas de gestão estratégica e de qualidade, julgue o item subsequente.

No ciclo PDCA, uma ação típica do ajuste (*act*) consiste no monitoramento do progresso e na modificação do plano de implementação, quando necessário.

( ) Certo
( ) Errado

**Gabarito**: Errado

**Comentário**: A ação de monitoramento do progresso de um projeto (ou consultoria) é realizada no âmbito das etapas de verificação (*check*). A etapa de ajuste (*act*) compreende apenas a correção de erros e a readequação de processos, caso haja constatação de problemas durante a etapa de verificação.

4) (Cespe/MPU/Analista – 2013) Julgue os itens a seguir, relativos à avaliação de resultados.

No diagrama GUT, o aspecto gravidade dos problemas é o mais relevante entre os aspectos analisados. A primazia desse aspecto apresenta a vantagem de permitir que se dê prioridade ao problema que deve ser solucionado primeiro.

( ) Certo
( ) Errado

**Gabarito**: Errado

**Comentário**: A matriz GUT não atribui pesos diferenciados para seus critérios; em verdade, ela determina o grau de prioridade com que um problema precisa ser solucionado após a avaliação conjunta dos critérios de gravidade, urgência e tendência.

5) (Cespe/ANTT/Analista Administrativo – 2013) A respeito de gestão da qualidade e modelo de excelência gerencial, julgue os itens que se seguem.

O economista Vilfredo Pareto criou um princípio que, originalmente, se aplicava à análise da distribuição de renda e, posteriormente, foi adaptado à realidade da administração da qualidade, tornando-se uma ferramenta para a escola de gestão. Esse princípio, denominado de princípio de Pareto, pode ser empregado para definir prioridades na correção de problemas e(ou) defeitos, permitindo ao administrador perceber que, em geral, 20% das causas ocasionam 80% dos efeitos.

( ) Certo
( ) Errado

**Gabarito:** Certo

**Comentário:** A questão conceitua com correção a ferramenta de qualidade conhecida como *princípio* ou *diagrama de Pareto*, a qual permite identificar os fatores prioritários no combate a um problema.

## QUESTÕES PARA REVISÃO

1) Qual é a importância do processo de verificação de competências durante a prestação de um serviço de consultoria?

2) Por que um consultor deve recorrer à estatística descritiva e à inferência estatística durante a etapa de pré-análise dos dados em uma consultoria?

3) (Cesgranrio/Petrobrás/Técnico de suprimentos e bens e serviços júnior – 2014) As empresas que utilizam sistemas de gestão da qualidade (SGQ) para melhorar seus processos, produtos e/ou serviços contam com várias ferramentas que contribuem para o acompanhamento do sistema como um todo.

Um consultor que tenha sido contratado para indicar e implementar uma ferramenta da qualidade que contribua efetivamente para a melhoria contínua do sistema e que atenda da melhor forma ao objetivo da empresa deverá apresentar a seguinte escolha e sua respectiva justificativa:

a. Lista de verificação; permite a organização das informações, possibilitando a identificação das possíveis causas de um determinado problema ou efeito.
b. 5S; permite visualizar diversos elementos de um problema, auxiliando na determinação da sua prioridade.
c. Diagrama de Pareto; permite registrar os dados dos itens a serem verificados, identificando rapidamente as falhas e ajudando a diminuí-las.
d. Diagrama espinha de peixe; permite reorganizar toda a área de trabalho, evitando desperdícios e facilitando a localização de recursos disponíveis.
e. Ciclo PDCA; possibilita o acompanhamento de todas as fases dos processos realizados, desde o seu planejamento até a implementação de ações corretivas.

4) (Exército Brasileiro/EsFCEx/Oficial – 2018) É uma ferramenta utilizada para apresentar a relação existente entre o problema a ser solucionado e os fatores do processo que podem provocar o problema. Essa ferramenta conceitualmente denomina-se:

a. Gráfico de Pareto.
b. Fluxograma.
c. Histograma.
d. Matriz SWOT.
e. Diagrama de Ishikawa.

5) (Cespe/FUB/Administrador – 2015) Uma instituição de ensino superior pesquisou, entre seus alunos, o grau de satisfação nas seguintes categorias, divididas em subcategorias: qualidade do ensino, das instalações, do atendimento administrativo e do projeto pedagógico. Devido ao alto grau de insatisfação apresentado nos resultados de várias categorias, a instituição resolveu investir na melhoria do índice de satisfação, por meio de ações de gestão da qualidade.

Com relação a essa situação hipotética, julgue o item a seguir.

A ferramenta a ser utilizada para diagnosticar as causas de insatisfação das diversas categorias pesquisadas é o diagrama de *Ishikawa*, também conhecido como diagrama Espinha de Peixe.

( ) Certo
( ) Errado

## QUESTÕES PARA REFLEXÃO

1) Em sua atuação como consultor estatístico, você prefere (ou preferiria) atuar individualmente ou em uma equipe de trabalho?

2) Como você conduziria uma série de entrevistas para uma consultoria de avaliação qualitativa sobre determinado objeto?

3) Considerando as formas de aplicação de cada uma das ferramentas de qualidade apresentadas neste capítulo, você as associa a quais funções?

4) Como o diagrama de Ishikawa pode ser aplicado a um problema cotidiano enfrentado por você?

5) Como as medidas de estatística descritiva e inferência estatística podem ser empregadas para a extração de conhecimento a partir de uma base de dados?

## Conteúdos do capítulo:
- Consulta a fontes bibliografias nacionais e internacionais.
- *Softwares* em estatística.
- Geração dos resultados da consultoria.
- Simulação.

## Após o estudo deste capítulo, você será capaz de:
1. empreender pesquisa bibliográfica no processo de consultoria em estatística;
2. utilizar os principais buscadores de pesquisas acadêmicas;
3. citar os principais *softwares* estatísticos e linguagens de programação e seus principais usos em uma consultoria estatística;
4. aplicar a técnica de simulação a consultorias estatísticas.

# 4

# Seleção de fontes bibliográficas e *softwares*

## 4.1 Pesquisa em fontes bibliográficas nacionais e internacionais

Se um amigo lhe dissesse que existe uma relação direta entre altura e desempenho escolar, ou seja, que quanto mais alto alguém for, maiores serão suas notas na escola, você julgaria essa afirmação razoável? Provavelmente, você discordaria dele e pensaria que seu amigo é mais uma vítima das famigeradas *fake news*. E se seu amigo viesse com outra abordagem, dizendo que um pesquisador havia publicado um artigo demonstrando que existe uma relação direta entre altura e desempenho escolar? Talvez isso despertaria uma dúvida em você e agora seu interesse seria saber como esse pesquisador chegou a essa conclusão.

O pesquisador poderia ter utilizado um gráfico de dispersão para uma amostra em particular e mostrado que existe uma relação empírica entre as duas variáveis. Essa pesquisa informaria que há uma correlação positiva entre tais variáveis, mas dificilmente você acreditaria que exista uma relação causal entre as duas. Alternativamente, ele poderia ter feito um experimento e coletado informações para uma amostra grande e aleatória, o que tornaria essa evidência mais forte e mais possível de ser causal. Estudando sua metodologia, você poderia, até mesmo, questionar ou validar a forma com que ele construiu essa amostra aleatória.

Caso você mesmo quisesse realizar uma pesquisa para responder a uma pergunta parecida, seria muito interessante entender como a altura de um indivíduo é determinada, se existem aspectos ambientais ou apenas genéticos. Seria igualmente importante saber como se mede o desempenho escolar, o que o levaria a questões sobre o que é inteligência e *como*, ou mesmo *se*, ela pode ser medida. Por fim, saber como outros pesquisadores realizaram pesquisas parecidas, ser crítico em relação a essas metodologias e apresentar soluções de como fazer isso de uma maneira mais precisa é indispensável para se realizar uma boa pesquisa.

Assim, a **revisão de fontes bibliográficas nacionais e internacionais** serve ao propósito de compreender os detalhes teóricos e metodológicos daquilo que se está estudando e em que ponto a literatura da área específica se encontra, no Brasil e no mundo. Ela ajuda a analisar melhor os resultados e evitar conclusões equivocadas já descartadas pela literatura, além de dar credibilidade ao trabalho, deixando claras suas contribuições à construção do conhecimento ao se inserir entre os discursos relativos a trabalhos já publicados.

De acordo com Prodanov e Freitas (2013), a pesquisa bibliográfica envolve livros, periódicos e artigos científicos, jornais, monografias, dissertações, teses e outros materiais publicados.

É muito importante que o pesquisador atente à veracidade dos dados expostos, sendo preciso escolher as fontes com critério e cuidado, observando possíveis incoerências e contradições.

Vale registrar que a internet se tornou uma fonte infinita de informações, muitas vezes utilizada como principal ou única fonte de pesquisa, uma vez que existem diversas plataformas e *sites* que facilitam a busca de artigos por critérios como ordenamento por data, idiomas, criação de alertas, ferramenta de pesquisas de palavras-chave e ferramentas de busca avançada.

No Quadro 4.1, elencamos alguns *sites* e plataformas que podem facilitar a busca de escritos de teor acadêmico-científico nacionais e internacionais. Destacamos o Google Acadêmico, plataforma que reúne artigos e livros de diversas fontes científicas, publicados em periódicos diversos e catalogados em diversos anos. Alguns dos artigos que podem ser encontrados em plataformas específicas, como a SciELO, podem também ser achados em plataformas agregadoras, como o Google Acadêmico.

**Quadro 4.1** – Buscadores de pesquisas acadêmicas

| Nome | *Site* | Versão em português |
|---|---|---|
| Google Acadêmico | https://scholar.google.com.br/ | Sim |
| Biblioteca Digital Brasileira de Teses e Dissertações (BDTD) | http://bdtd.ibict.br/vufind/ | Sim |
| Scientific Eletronic Library Online (SciELO) | https://scielo.org/ | Sim |

*(continua)*

*(Quadro 4.1 – conclusão)*

| Nome | Site | Versão em português |
|---|---|---|
| Periódicos (Portal da Coordenação de Aperfeiçoamento de Pessoal de Nível Superior – Capes) | https://www.periodicos.capes.gov.br/ | Sim |
| Educational Resources Information Center (Eric) | https://eric.ed.gov | Sim |
| Science.gov | https://ciencia.science.gov/ | Não |
| ScienceResearch.com | https://www.scienceresearch.com/ | Não |
| Academia.edu | https://www.academia.edu/ | Sim |
| Redalyc | https://www.redalyc.org/home.oa | Não |
| Plataforma Sucupira | https://sucupira.capes.gov.br/scuupira/ | Sim |
| Research Map | https://researchmap.jp/ | Não |
| ScienceDirect | https://www.sciencedirect.com/ | Não |

Após a seleção das bibliografias, faz-se necessário realizar a leitura do material. De acordo com Gil (2002), o processo de leitura pode ser dividido em quatro fases:

1. **Leitura exploratória** – Primeira aproximação do pesquisador com os materiais selecionados, com o intuito de verificar se o conteúdo dos artigos interessa à pesquisa em questão. Nessa fase, geralmente são consultados o resumo e a introdução dos trabalhos selecionados mediante palavras-chave, para se ter visão global das obras, suas metodologias e seus principais resultados.

**2. Leitura seletiva** – Fase em que os materiais adequados à pesquisa são selecionados, levando-se em conta os objetivos da pesquisa a ser realizada. Essa leitura deve ser mais profunda, ainda que não seja definitiva. O intuito é responder a determinadas indagações e, por isso, o pesquisador pode voltar no mesmo material diversas vezes com propósitos diferentes.

**3. Leitura analítica** – Nessa etapa, faz-se a análise dos textos de maneira definitiva. Considerando-se o problema de pesquisa, podem ser adicionados novos materiais que, porventura, sejam necessários para preencher alguma lacuna. Segundo Gil (2002, p. 78), "a finalidade da leitura analítica é a de ordenar e sumariar as informações contidas nas fontes, de forma que estas possibilitem a obtenção de respostas ao problema de pesquisa".

**4. Leitura interpretativa** – Nessa última etapa, o objetivo é dar significado às leituras empreendidas nas etapas anteriores. Portanto, o pesquisador deve encontrar respostas significativas relacionando leituras de pesquisas empíricas e teorias comprovadas. Faz-se necessário um cuidado redobrado com a objetividade das análises, para evitar influências de fatores subjetivos que comprometam a validade científica do que está sendo escrito.

A análise dos dados deve ser fundamentada nas fontes bibliográficas, de modo que o texto final seja coerente e tenha uma narrativa convincente e científica. A revisão bibliográfica, assim como a análise dos dados, conta uma história. Quanto mais lógica, coerente e cientificamente fundamentada for tal narrativa, menos passível será de críticas.

## 4.2 *Softwares* em estatística

Economistas que cursaram suas graduações nos anos 1980 costumam se lembrar do tempo em que a análise de dados era feita com pastas e mais pastas de arquivos e cálculos feitos à mão. As bases de dados, portanto, eram fisicamente limitadas, e os resultados, vulneráveis aos erros de cálculo e de medida. Com o surgimento do computador e o aumento exponencial de suas capacidades de processamento e armazenamento, foram desenvolvidas diversas ferramentas que facilitaram a análise de dados e estimação de modelos cada vez mais sofisticados.

Desde as planilhas até as linguagens de programação, o uso do computador é uma constante nas análises envolvendo dados. As bases de dados se tornaram cada vez maiores, viabilizando a coleta de microdados que ultrapassam facilmente a casa dos milhões.

A seguir, comentaremos sobre os principais *softwares* utilizados na análise de dados, bem como suas vantagens e desvantagens.

### 4.2.1 Planilhas eletrônicas

Amplamente conhecidas pela disseminação do Office da empresa Microsoft nos anos 1990, as planilhas eletrônicas se popularizaram como ferramentas de gestão de informação em empresas de todos os portes. Pela facilidade de uso, contendo *menus*, ícones e funções aplicadas por meio de fórmulas, o Excel e similares, como Google Sheets e Libre Office, executam desde cálculos simples de adição, subtração, multiplicação e divisão até aqueles avançados, viabilizando a criação de tabelas dinâmicas e suplementos que permitem estimar regressões estatísticas.

Além da dificuldade no uso de recursos mais avançados na análise de dados, apesar de ter um limite de 1.048.576 linhas e 16.384 colunas, planilhas muito grandes tendem a travar computadores de configuração básica, tornando inviável a análise de grandes bases de dados. Ainda, o limite de linhas é facilmente ultrapassado em análises de microdados. Por esse motivo, o Microsoft Excel é uma ferramenta considerada por muitos como ultrapassada, especialmente na análise estatística.

**4.2.2 *Softwares* estatísticos**

Um notável avanço em relação à configuração de linhas e colunas são os *softwares* estatísticos orientados a objetos. As variáveis (quantitativas e qualitativas) – observadas como colunas no Excel – são tratadas como objetos que armazenam informações e têm propriedades, como as numéricas, que abarcam média, mediana, desvio-padrão, variância e outras. Essa mudança de abordagem permite operações mais rápidas e transformações sem que o usuário precise olhar para planilhas, ainda que, de base, os dados estejam estruturados dessa forma.

Existem diversos *softwares* estatísticos, com acesso pago ou livre, que permitem esse tratamento. Entre os mais básicos estão: o Gretl, utilizado nos cursos de Econometria por sua simplicidade didática e sua característica *open-source*; e sua contrapartida paga, o E-views. Ambos têm interfaces e recursos similares, podendo ser expandidos mediante instalação de pacotes. Apresentam como desvantagens o uso limitado de programação na manipulação das variáveis, fazendo usuários mais avançados migrarem para *softwares* mais robustos ou linguagens de programação.

## Importante!

Apesar de estarmos nos referindo a gigantescas bases de dados, não se trata do que se convencionou chamar de *big data*, apesar do nome traduzido sugerir isso. Existem diversas definições para dados de *big data*, mas a mais aceita é aquela conhecida como *5 Vs*: variedade, veracidade, volume, valor e velocidade. Foge ao escopo deste livro aprofundar as definições de *big data*, mas cabe uma exemplificação a respeito do primeiro V, variedade.

Essa propriedade trata da quantidade de diferentes tipos de informação que podem ser consideradas em uma estrutura de *big data*, como áudios, vídeos, imagens, localizações de posicionamento geográfico (GPS), bem como textos e informações numéricas. Dada essa variedade, existem ferramentas próprias utilizadas com o auxílio da inteligência artificial, especialmente de código aberto, como Apache Hadoop, Apache Spark e Apache Cassandra, que têm estruturas próprias para lidar com toda essa variedade e esse volume. Portanto, dados estruturados em linhas e colunas, ainda que sejam planilhas gigantescas, não são exemplos de *big data*, mas tão somente bases de dados tradicionais grandes.

### 4.2.3 *Softwares* que utilizam programação

Uma opção intermediária entre os *softwares* estatísticos e as linguagens de programação são os *softwares* que utilizam linguagem de programação. Apesar de não serem, necessariamente, linguagens de programação, *softwares* pagos, como o Stata, o SPSS e o Matlab, utilizam a orientação a objetos e disponibilizam recursos avançados.

O Stata, em particular, conta com recursos para trabalhar *on-line*, permitindo a instalação de novos pacotes, atualizações automáticas e programação de novas funções. Apesar de permitir o uso por meio de *menus* gráficos, cada solicitação gera um código de comando, facilitando o dia a dia de usuários mais avançados, que preferem utilizar comandos e podem recorrer a *DO files*, nativos do Stata, como *scripts* para suas análises estatísticas.

Uma das desvantagens desses *softwares* são os preços de suas licenças, uma diferença importante em relação às linguagens de programação Python e R, que são *open-source*. Desse modo, ainda que muitos pesquisadores as utilizem, essas ferramentas têm dado espaço ao uso das linguagens de programação.

### 4.2.4. Linguagens de programação

Malgrado não tenham sido projetadas especificamente para análise de dados, as linguagens de programação têm sido amplamente empregadas em diversos cursos de Matemática e Estatística e em departamentos de dados em empresas.

A linguagem mais utilizada para esse propósito atualmente é a Python, popular por sua sintaxe simples e funcional. Ela permite ao usuário fazer desde análises simples até aplicar ferramentas avançadas, como *machine learning* e *deep learning*. Pode ser facilmente integrada a outras linguagens e sua comunidade de usuários está em franca expansão. Entre seus pacotes mais famosos para análise de dados figuram: o pandas (manipulação de dados); o scikit-learn (*machine learning*); o SciPy (computação científica); e o Matplotlib (apresentação gráfica).

Apesar de sua interface não ser muito amigável à primeira vista, o uso do interpretador de linguagem Python é facilitado pelos ambientes de desenvolvimento integrado (ou Integrated Development Environments – IDEs), como o PyCharm e o Jupyter, e pelos ambientes de pesquisa como o Google Colab.

A linguagem Python está entre as mais fáceis de serem aprendidas, por suas funções serem indicadas, basicamente, por palavras em inglês; contudo, pode representar um alto custo de entrada para aqueles pouco familiarizados com algoritmos e lógica de programação.

Outra linguagem de programação bastante popular na análise de dados, especialmente no meio acadêmico, é a R. Essa ferramenta é conhecida por ter um custo de entrada um pouco maior do que a Python, apesar de existirem ambientes interativos que facilitam a codificação em R. Ainda que haja uma competição de vantagens e desvantagens e engajados defensores de ambos os lados, uma das desvantagens da linguagem R é ser pesada para alguns computadores de configuração mais básica. No que se refere à funcionalidade, ainda que sua comunidade não seja tão ampla quanto à da Python, esse cenário tem mudado de modo célere com o surgimento de pacotes especializados em análise de dados.

Há diversas linguagens de programação além das já mencionadas –JavaScript, C++, C#, Julia –, e essa variedade tende a continuar expandindo, uma vez que são apenas "regras de sintaxe" que permitem a comunicação entre o ser humano e a máquina. Portanto, independentemente da linguagem que se decida aprender, compreender a estrutura de uma linguagem de programação é crucial. Logo, é recomendável ao consultor estudar Algoritmos e lógica de programação, especialmente aqueles que não tiveram contato com essa disciplina durante sua graduação.

PARA SABER MAIS

CÓDIGO de programação (temporada 2, ep. 6). Explicando [Seriado]. Netflix [*streaming*].
Esse episódio da série Explicando mostra o surgimento e a evolução da linguagem de programação. Além disso, evidencia que esse recurso está tão presente no cotidiano das pessoas que a maioria nem percebe sua penetração em suas atividades diárias.

## 4.3 Geração dos resultados da consultoria

Ao longo deste livro, temos reiterado que um dos pilares do processo de consultoria em estatística é o **planejamento**. Apesar de o produto da consultoria, o relatório estatístico, ser uma unidade, é composto de diversas partes que devem se encaixar como complementos umas das outras. Desse modo, o planejamento da geração de resultados da consultoria não deve ser entendido como diversas etapas interdependentes e orientadas para sua viabilidade e qualidade final.

**Figura 4.1** – Processo da geração de resultados da consultoria

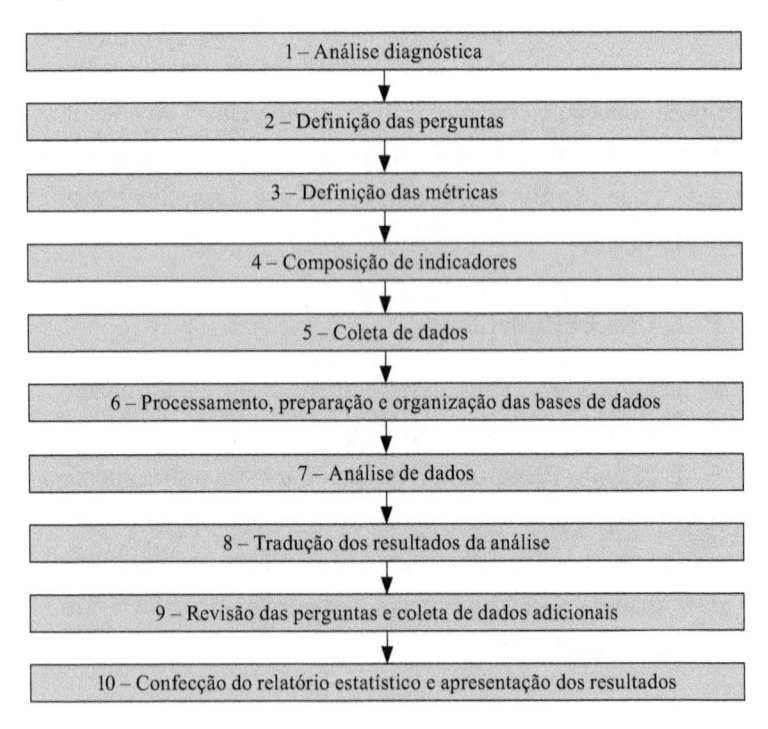

```
1 – Análise diagnóstica
          ↓
2 – Definição das perguntas
          ↓
3 – Definição das métricas
          ↓
4 – Composição de indicadores
          ↓
5 – Coleta de dados
          ↓
6 – Processamento, preparação e organização das bases de dados
          ↓
7 – Análise de dados
          ↓
8 – Tradução dos resultados da análise
          ↓
9 – Revisão das perguntas e coleta de dados adicionais
          ↓
10 – Confecção do relatório estatístico e apresentação dos resultados
```

Conforme esquematizado na Figura 4.1, a geração de resultados da consultoria divide-se em dez etapas, tendo como ponto culminante a confecção do relatório estatístico, o qual é entregue ao contratante, e a apresentação dos resultados para as partes interessadas.

Detalharemos, na sequência, cada uma das etapas expressas na figura.

## 4.3.1 Análise diagnóstica

Um problema frequente em uma contratação de consultoria em estatística é a situação em que o contratante não tem uma pergunta clara a apresentar. Muitas vezes, o processo de coleta de dados é iniciado sem que haja um objetivo evidente para a pesquisa. A consequência disso é um cenário marcado por uma grande quantidade de retrabalho, recursos desperdiçados e uma resposta pouco satisfatória, ou eficaz, para o contratante.

Por isso, antes mesmo da definição das perguntas a serem respondidas com a consultoria, faz-se necessária uma análise diagnóstica para contextualizar os consultores dos pontos fortes e fracos da organização estudada e compor um panorama dos problemas que ocorrem na organização, mas que os gestores, por estarem intimamente envolvidos, não são capazes de detectar.

Nessa fase, podem ser consultados documentos, relatórios, dados disponíveis prontamente nos sistemas de operação da organização, bem como promovidas entrevistas com gestores, funcionários, fornecedores e clientes. Essa etapa é qualitativa e, numa apreciação rasteira, parece não ser muito útil por conta de sua falta de validade externa e representatividade. No entanto, é justamente pelo aspecto qualitativo que aparecem diversas questões que não podem ser mensuradas objetivamente.

Minayo (2011, p. 9) afirma que "a realidade concreta pode ser conhecida por meio de dados subjetivos (significados, intencionalidade, interação, participação) e de dados objetivos (indicadores, distribuição de frequência e outros) inseparáveis e interdependentes". O objetivo da análise diagnóstica, portanto, é capturar percepções e dar aos consultores uma visão global da organização e, principalmente, de seus problemas, a fim de orientar a definição das perguntas.

Nessa etapa, convém a aplicação de **entrevistas parcialmente estruturadas**, com vistas a adotar uma linha condutora, sem limitar as respostas, de modo que todos os aspectos relevantes possam emergir. A entrevista parcialmente estruturada é orientada por pontos de interesse explorados pelo consultor, que constitui "a única fonte de motivação adequada e constante para o entrevistado" (Gil, 2002, p. 117).

A análise diagnóstica não deve ser subestimada, uma vez que dela derivam todas as outras fases da geração de resultados da consultoria. O consultor deve ter liberdade para acessar todos os dados e atores dos processos da organização; e esses atores, por seu turno, devem sentir liberdade, segurança e ter a garantia da confidencialidade para serem ouvidos sem qualquer tipo de represália ou interferência hierárquica.

Ainda, durante as etapas intermediárias, relatórios preliminares podem ser gerados para o contratante para que este acompanhe a evolução dos processos e revele suas expectativas relativas ao produto da consultoria. Vale registrar que o contratante deve ser alertado sobre o caráter interno e preliminar desses relatórios, os quais não terão a mesma linguagem ou conteúdo do relatório estatístico final, servindo apenas de guia do andamento da pesquisa e dos detalhes metodológicos, para que mudanças de direcionamento não sejam tão custosas quanto seriam nas etapas finais.

## 4.3.2 Definição das perguntas

Uma vez conhecidos os aspectos relevantes da organização, naturalmente emergirão questões a serem respondidas pela consultoria estatística, havendo a necessidade de se identificar a causa e o efeito de certas variáveis, como: *Qual é a relação entre determinado produto e a lucratividade da empresa? O público-alvo da empresa é realmente o segmento atendido que mais gera resultados? Qual é o efeito dos investimentos em propaganda sobre a lucratividade? Quais são os resultados de um programa social sobre seus beneficiários? Quais são os resultados de um problema de treinamento sobre o desempenho dos funcionários? Quais características do cliente estão relacionadas com o aumento das vendas?*

É importante que essas perguntas sejam bem-definidas e que conduzam a aspectos mensuráveis. Ainda que sejam subjetivos, nas fases subsequentes esses aspectos deverão ser relacionados a métricas objetivas e mensuráveis; portanto, essa preocupação deve sempre estar em mente quando da delimitação das perguntas, para que a resposta seja, no mínimo, viável. Uma pergunta mal-elaborada ou mal delimitada pode levar a interpretações equivocadas e ambiguidades quanto ao que realmente está sendo perguntado.

A participação do contratante na definição e/ou delimitação das perguntas é crucial, pois as respostas encontradas serão determinantes na tomada de decisão e na percepção de relevância por parte dos contratantes da consultoria em si. Em processos públicos de contratação, geralmente os objetivos da contratação são expressos, antecipadamente, em um termo de referência, dados os trâmites legais e burocráticos dessas contratações. Já em processos privados, muitas vezes, os objetivos da consultoria são extremamente vagos e superficiais, sendo imprescindível construí-los com anuência e participação do contratante.

### 4.3.3 Definição das métricas

Métricas são medidas brutas que servem de matéria-prima para a elaboração de indicadores. Podem ser de vários tipos: valor, peso, volume, quantidade ou qualquer outro formato quantitativo. Muitas vezes, estão disponíveis nos sistemas da organização como quantidades em estoques, vendas diárias, faturamento mensal, número diário de clientes, receitas recorrentes, custos fixos e variáveis etc. Em outros casos, quando inexistentes, convém a mensuração das métricas por meio de sistemas informatizados, pesquisas de satisfação e pesquisas de mercado.

### 4.3.4 Composição de indicadores

As métricas definidas são subsídio à construção de indicadores, os quais fornecem informações sintéticas úteis. Segundo Santos (2004), indicadores são instrumentos que favorecem a percepção de dado fenômeno ou de uma condição de modo simplificado, compreensível e comparável. Ferreira (2006) conceitua indicadores como elementos de informação que representam um elemento do mundo real por meio de um valor. A principal característica de um indicador é justamente seu poder de síntese e representação.

Indicadores, no contexto empresarial, são mais conhecidos como *KPIs* (*Key Performance Indicators*, ou indicadores-chave de desempenho) e são normalmente utilizados como variáveis nos modelos estatísticos, por exprimirem de maneira sintética diversas informações de interesse dos *stakeholders*. São indicadores: a taxa de conversão, calculada, por exemplo, por meio da relação de número de compras efetivamente concluídas e o tráfego total de um *site* de *e-commerce*; a receita por compra; a retenção de clientes; a quantidade de queixas e reclamações resolvidas etc.

Ressaltamos que esses indicadores não são medidas brutas, sendo, em verdade, formados por elas e calculados como percentual (razão de um número em relação a seu total, ou comparação entre duas medidas relacionadas). Nada impede que métricas sejam utilizadas também como indicadores, desde que suas informações sejam suficientemente úteis em sua forma bruta. No entanto, normalmente, a interpretação simples de uma medida exige alguma transformação.

Em organizações orientadas à tomada de decisão com base em dados, o acompanhamento de KPIs pode estar institucionalizado, facilitando o uso desses indicadores na pesquisa estatística. Em outras, as métricas podem estar disponíveis, mas o consultor estatístico é que terá de definir a metodologia e calcular esses indicadores.

Alertamos que o consultor estatístico não tem a obrigação de fornecer medidas de acompanhamento de desempenho para a empresa; sua função é viabilizar a mensuração de informações relevantes para responder às perguntas definidas.

Nessa fase, a definição de metodologia para a mensuração das métricas e a composição dos indicadores deve levar em conta minimamente três aspectos: (1) o prazo de análise; (2) as fontes dos dados; e (3) a qualidade dos dados. Assim como as métricas são a matéria-prima para a composição dos indicadores, essas medidas são insumos do produto, a saber, o relatório estatístico. Portanto, a qualidade dos dados está intimamente ligada à qualidade dos resultados da pesquisa e, portanto, pode ser um ponto crítico da qualidade da prestação da consultoria.

### 4.3.5 Coleta de dados

A coleta de dados consiste na captura das informações – de pessoas e processos – relevantes para responder às perguntas definidas na segunda fase da consultoria. Em um primeiro momento, o consultor deve coletar todos os dados disponíveis de fontes existentes. Além dos sistemas utilizados pelas organizações, existem diversas ferramentas que podem auxiliar nesse processo, como o Google Analytics, principalmente se parte significativa das vendas da empresa for realizada pela internet.

Esgotado o processo de extração de dados de fontes existentes, se as métricas e os indicadores não forem suficientes e o prazo da consultoria permitir, o consultor estatístico pode recorrer à geração de dados por meio de questionários e pesquisa digital. Diferentemente da análise diagnóstica, a ênfase recai na obtenção de informações objetivas e quantitativas, que gerem estatísticas descritivas e possam ser utilizadas como insumo para os modelos.

Nessa fase, o consultor deve proceder às seguintes tarefas:

- **Definição do sistema de armazenamento** – Significa determinar se os dados coletados devem ser armazenados em mídias físicas ou em nuvem, levando em consideração a viabilidade e a rapidez no acesso de todos os envolvidos na pesquisa e a necessidade de *backups* de segurança.

- **Nomeação dos arquivos** – Consiste em nomear os arquivos de modo correto e padronizado com o fito de evitar o retrabalho ou a coleta de informações idênticas ou semelhantes por pesquisadores diferentes. Essa ação confere maior eficiência às fases posteriores da pesquisa.
- **Tabulação dos dados** – Diz respeito à definição de um método para tabular e identificar os dados de pesquisas obtidos mediante questionários para manter o processo claro, organizado e reprodutível.

### 4.3.6 Processamento, preparação e organização das bases de dados

Nessa fase do processo, o consultor tem de ter em mente que existe a possibilidade de ocorrerem erros de mensuração, de compatibilidade ou de sistema capazes de corromper as informações coletadas.

Essa fase pode consumir mais da metade do tempo da consultoria. Uma falha a essa altura pode comprometer todo o processo de análise dos dados. Por essa razão, o consultor deve, obrigatoriamente, tomar as seguintes medidas:

- **Manutenção de uma cópia das bases de dados originais** – É uma boa prática em ciência de dados não alterar e salvar mudanças permanentes nas bases de dados originais. O processo de processamento dos dados para uso pode ser bastante complexo e exigir compatibilidades diversas de formato, programas e sistemas. Portanto, as bases de dados brutas originais devem estar sempre disponíveis para possíveis mudanças e/ou correções.

- **Geração de *scripts* independentes para cada fase do processo** – O uso de ferramentas estatísticas permite ao pesquisador descrever de maneira clara e reprodutível seu processo de limpeza e transformação de dados brutos. Esses *scripts* devem ser acompanhados de comentários claros e concisos sobre o que é feito em cada passo, para que possíveis erros sejam facilmente identificados em etapas posteriores e compreendidos por qualquer pesquisador.

- **Combinação de múltiplas fontes de dados** – Os dados podem ser (e geralmente são) coletados de diversas fontes diferentes e, por isso, precisam ser combinados em uma só base de dados, de modo que haja unidade e se viabilize a análise simultânea de diversas variáveis independentes. Esse é um dos processos mais suscetíveis a falhas, em razão das diversas formas de combinação existentes, razão pela qual também deve ser operacionalizado por meio de um *script* claro e reprodutível, como todas as etapas de processamento.

- **Conferência de possíveis falhas mediante estatísticas descritivas e número de observações** – O pesquisador deve conhecer, logo de início, as principais medidas de posição central (média, mediana) e de dispersão (amplitude, variância, desvio-padrão) das variáveis contidas na base de dados. Desse modo, qualquer mudança após a combinação de múltiplas fontes pode ser acompanhada em tempo real. Outra forma de conferência é o acompanhamento do número total de observações, que, a cada etapa, deve ser exatamente a soma das observações das bases combinadas.

- **Limpeza e transformação de dados brutos** – Bases de dados, principalmente quando coletados de fontes existentes, podem gerar incompatibilidades como dados faltantes (*missing data*), incompatibilidade dos formatos numéricos (separação por vírgula ou ponto), dados numéricos reconhecidos como texto, incompatibilidade dos formatos de data e hora etc. A limpeza e a transformação de dados brutos deve ser orientada por um *script* que permita desfazer ou refazer quaisquer passos dessas transformações.

- **Manipulação de dados confusos, inconsistentes e fora do padrão** – Não existe um critério inequívoco para tratar dados faltantes (*missing data*) e *outliers* (valores atípicos, ou seja, pontos muito distantes da maioria dos dados). Existem diversas maneiras de tratar essas variáveis, desde excluí-las para não comprometer a análise até mantê-las aplicando algum peso ou método de extrapolação de dados. O mais importante é tomar consciência da existência desses dados, quantos são e como se distribuem. A exclusão de dados faltantes de uma parcela semelhante em certos aspectos da amostra (funcionários da produção de uma indústria, famílias que recebem acima ou abaixo de determinado nível de salários mínimos, pessoas não alfabetizadas) pode enviesar a amostra analisada. O importante é ter esse processo claro, documentado e recuperável, caso haja alguma exigência ou demanda posterior.

- **Estruturação de dados de fontes não estruturadas** – Algumas vezes, os dados disponíveis não estão em um formato adequado e estruturados em tabela, mas disponíveis em páginas .html ou documentos em extensão .pdf. Nesses casos, tratam-se de processos específicos, conhecidos como *raspagem de dados* (em inglês, *web scraping*), que podem ser operados com relativa facilidade por linguagens de programação ou, quando o número de observações permitir, ser digitados um a um.

### 4.3.7 Análise de dados

A **ciência de dados** (*data science*) compreende métodos tradicionais de análise de dados, como *business intelligence*, regressão linear, regressão logística, e métodos avançados, como *machine learning*, redes neurais (*deep learning*) etc. Dada a existência de diversas nomenclaturas conhecidas como *buzzwords*, que se popularizaram em determinados contextos em inglês, a despeito de seus reais significados, existe grande confusão do que pode ou não ser considerado ciência de dados.

*Grosso modo*, a ciência de dados serve a dois principais propósitos, a saber: (1) analisar os dados passados; e (2) gerar *insights* e respostas para perguntas a partir disso, o que é conhecido como *inteligência de negócios* (em inglês, *business intelligence*). Basicamente, são usadas estatísticas descritivas e análise exploratória para conhecer os dados e os relacionamentos entre as variáveis. Também são construídos modelos com base nesses dados para gerar previsões, como é o caso das análises de regressão linear, regressão logística, *machine learning* e *deep learning*. Essas ferramentas podem ser utilizadas em diferentes etapas da análise de dados, desde a análise exploratória até a análise preditiva.

### 4.3.8 Tradução dos resultados da análise

Durante a análise de dados, podem ser elaborados diversos relatórios internos em que se apresentem e discutam os resultados encontrados. Tais documentos servem de parâmetro para a elaboração do relatório estatístico final e para o acompanhamento do trabalho pelas partes interessadas.

Advertimos que esses relatórios internos não são adequados para serem entregues aos contratantes como produtos da consultoria estatística. Os resultados da estimação de modelos estatísticos são tabelas que reúnem resultados de coeficientes estimados, erros-padrão, intervalos de confiança e os mais diversos testes, desde os corriqueiros testes t e $R^2$ até testes de hipótese acompanhados de diversos jargões da área acadêmica. Cada um dos modelos citados na seção anterior contém vocabulário e formas de interpretação próprios, e apenas cientistas de dados, estatísticos, economistas, acadêmicos e profissionais da estatística estão habituados a essa forma de leitura e interpretação.

Ainda que, para os profissionais da área, essa seja uma forma eficiente, precisa e robusta de apresentação de resultados, para o contratante de uma consultoria em estatística, o que interessa é a resposta subjacente aos números. Portanto, o profissional da consultoria estatística deve ter em mente que, tão importante quanto estimar modelos com ferramentas sofisticadas é encontrar a forma mais adequada de apresentar esses resultados às partes interessadas.

> ### Importante!
>
> Em sua maioria, acadêmicos profissionais – com mestrado e doutorado – são, ou ao menos foram, professores. Eis aí a chave dessa etapa de trabalho: ser didático. Independentemente dos resultados a serem apresentados, eles nada mais são do que a narrativa de uma história que precisa ser contada. Assim como os alunos podem se desconcentrar facilmente em uma aula entediante ou muito complexa, uma história mal contada pode não despertar o interesse ou até mesmo ser mal compreendida.

Nessa etapa, reuniões de equipe podem ajudar a sumarizar os achados da pesquisa e, com base nos modelos estimados, a formular respostas objetivas às perguntas definidas anteriormente. Alguns questionamentos orientadores para a equipe são:

- De maneira geral, qual foi o achado mais importante da pesquisa?
- Os dados disponíveis foram suficientes para responder às perguntas?
- Os dados disponíveis eram robustos o suficiente para garantir a validade externa da pesquisa?

- Existem respostas objetivas para as perguntas definidas anteriormente?
- Há perguntas não formuladas anteriormente que foram respondidas pelos dados?
- As perguntas formuladas foram suficientes para esclarecer os resultados encontrados?
- Que narrativa a análise de dados conta sobre o desempenho e os problemas da empresa ou organização?

### 4.3.9 Revisão das perguntas e coleta de dados adicionais

É bastante provável que algumas das respostas aos questionamentos que expusemos na seção anterior revelem a necessidade de revisão das perguntas de pesquisa e de coleta de dados adicionais. Nem sempre isso será viável, dados os prazos de entrega e os recursos disponíveis alocados no processo de consultoria em estatística. Não obstante, é fundamental tomar consciência e reportar esses questionamentos no relatório estatístico final.

Caso seja possível, a revisão das perguntas de pesquisa, agora com uma visão muito mais profunda dos dados coletados, pode ser de grande utilidade, uma vez que as hipóteses formuladas a partir desse momento estarão fundamentadas em evidências empíricas. Essa etapa não deve ser entendida como uma falha do processo anterior, mas como um complemento que pode ajudar a aprofundar o entendimento sobre questões que nem a organização nem os consultores tinham cogitado.

No caso de a equipe optar por uma nova coleta de dados, é importante que se mantenha o padrão das primeiras coletas e a preocupação em rotular as novas variáveis de maneira apropriada. Algumas delas, inclusive, podem estar enviesadas justamente por causa do processo de pesquisa – por exemplo, vendedores podem estar trabalhando com mais afinco ao saberem que sua produtividade está sendo medida, ou alunos podem estar se esforçando mais ao saberem que seu desempenho está sendo avaliado etc.

Em um novo processo de coleta de dados, outros problemas técnicos podem surgir, como a questão da temporalidade e a defasagem em relação aos dados da primeira coleta. Daí a necessidade de dedicar atenção redobrada aos efeitos que esses vieses podem gerar. É preciso avaliar o custo de oportunidade de recomeçar o processo de coleta ou absorver as informações contidas nos dados já coletados.

## 4.3.10 Relatório estatístico e apresentação dos resultados

Todo o trabalho da consultoria estatística se materializa no relatório estatístico final, cuja entrega costuma ser acompanhada de uma apresentação às partes interessadas, não em caráter complementar, mas integrante. Muitos *stakeholders* podem não estar dispostos a ler detalhadamente um relatório final, quadro que pode ser alterado justamente por uma apresentação instigante dos resultados.

Uma das técnicas mais utilizadas atualmente na apresentação de dados é o *data storytelling*, que permite, além de mostrar os dados, inseri-los em uma narrativa que torne a apresentação memorável e interessante.

## Estudo de caso

O Poder Executivo de um estado brasileiro contrata um consultor para a prestação de uma consultoria voltada à identificação de grupos de pessoas cujas características estão associadas a baixos desempenhos no Exame Nacional do Ensino Médio (Enem), a fim de orientar os investimentos públicos de um futuro programa educacional do Estado.

Durante o processo de pesquisa bibliográfica, o consultor recorre às plataformas Google Acadêmico e SciELO para buscar artigos científicos e estudos sobre o tema. O consultor aplica as técnicas de leitura exploratória e seletiva a fim de identificar e selecionar com agilidade os artigos mais aderentes ao objeto de estudo de sua consultoria. Por fim, aplica também as técnicas de leitura analítica e interpretativa para analisar e extrair o máximo de informações úteis a seu trabalho, sobre as abordagens mais utilizadas nesse campo de atuação, fontes de dados, metodologias mais apropriadas, possíveis problemas de análise etc.

Por praticidade e estilo, o consultor opta por utilizar um *software* estatístico com linguagem de programação para lidar com os vastos e pesados microdados educacionais que obteve com o órgão público responsável pelo fornecimento de informações da educação. Com base em sua pesquisa bibliográfica, experiência e especialidade, define perguntas-orientadoras como: *Quais variáveis podem estar associadas significativamente ao desempenho dos alunos?* (p. ex:. renda, trabalho, se o aluno estudou em escola pública ou privada etc.); *Quais seriam as explicações plausíveis para essas possíveis associações?* e *Quais ações o futuro programa educacional do Estado poderia implementar a fim de melhorar o desempenho dos alunos com as características identificadas?*

Após as diversas etapas do processo de geração de resultados (análise diagnóstica, definição de métricas, composição de indicadores etc.), o consultor identifica em sua análise quantitativa que as principais características dos alunos significativamente associadas a um desempenho inferior à média geral no Enem são: autodeclaração de cor ou raça preta ou parda, renda inferior a três salários mínimos, trabalho com carga horária maior que 6 horas, pais com baixa escolaridade, entre outras.

Ante os achados, o consultor elabora seu relatório estatístico utilizando a técnica de *data storytelling* para descrever os processos que encaminharam os resultados obtidos. Não obstante, também elabora e divulga em seu relatório estatístico, fundamentando-se em sua percepção independente, propostas de ações a serem implementadas pelo programa a fim de oferecer suporte e melhores condições de educação para as pessoas de cor ou raça declarada como preta ou parda; apoio financeiro às famílias com renda inferior a três salários mínimos; redução da jornada de trabalho de adolescentes a fim de garantir seu foco na educação; entre outras ações.

## 4.4 Simulação

Suponha que você tenha colocado 100 bolinhas, numeradas de 1 a 100, dentro de uma caixa. Tente adivinhar a probabilidade de você sortear um número qualquer dessa caixa. Se você não faltou às primeiras aulas de probabilidade estatística, deve ter pensado que a probabilidade de sortear qualquer número de 1 a 100 em 100 números será de 1% (1 sobre 100). Isso porque, tratando-se de sorteio aleatório, a probabilidade de cada número ser sorteado é a mesma para cada um dos 100 números depositados na caixa.

Essa lógica pode ser tomada para generalizar que a probabilidade de sortear qualquer número de 1 a 10 seja de 10%, de 1 a 20, 20%, e assim sucessivamente. Certamente, se você fizer o teste e sortear um número nessa caixinha de bolinhas cem vezes, muito dificilmente você terá um número específico – o número 1, por exemplo – aparecendo apenas uma vez. Na verdade, em cem tentativas, o número 1 pode aparecer, ao acaso, muito mais do que uma vez ou mesmo não aparecer em nenhuma das tentativas.

Agora, suponha realizar esse experimento duzentas vezes, mil vezes, dez mil vezes, um milhão de vezes. Certamente, o limite da sua paciência não lhe possibilitaria fazer isso mais do que algumas dezenas de vezes. Um bom computador, porém, pode fazer milhões dessas tentativas em poucos minutos. Essa é a base da **simulação de Monte Carlo**, método de Monte Carlo, ou simplesmente *simulação*. A ideia subjacente é que, com base nas frequências em que certo evento ocorre, pode-se simular probabilidades múltiplas e estimar possíveis resultados de um evento incerto.

O método, em sua versão moderna, foi inventado pelos matemáticos norte-americanos John Von Neumann (1903-1957) e Stanislaw Ulam (1909-1984), no contexto da Segunda Guerra Mundial (1939-1945), para melhorar a tomada de decisão em condições incertas e realizar simulações no projeto de construção da bomba atômica. Inicialmente, a simulação de Monte Carlo era feita calculando-se as probabilidades manualmente; a técnica somente começou a ser amplamente utilizada após o advento dos computadores.

Cox et al. (2001) informam que a simulação de Monte Carlo pode ser realizada em duas fases: (1) especificação e (2) avaliação do modelo. Cada variável do modelo deve ser caracterizada por sua função densidade de probabilidade, sua média e seu desvio-padrão. A simulação amplia a amostra mediante um processo iterativo que, a depender da quantidade de simulações, pode exigir bastante do *hardware* dos computadores. Segundo Donatelli e Konrath (2005), existe um *trade-off* entre a qualidade dos resultados e a disponibilidade de *hardware* e tempo para se definir o número de simulações.

Na técnica de simulação, a **aleatoriedade** pode ser utilizada como um recurso estatístico quando se lida com amostras pequenas. Conforme Sartoris (2003, p. 144) "a Lei dos Grandes Números (LGN) diz que, quando a amostra cresce (tende a infinito) a média amostral converge para a média populacional. Isto é, quanto maior a amostra, mais o valor obtido pela média amostral estará próximo do valor 'correto' da média". A simulação se utiliza dessa lei fazendo os parâmetros amostrais de uma amostra convergirem para seus parâmetros populacionais graças ao aumento dessa amostra.

A aplicação da simulação requer o uso de ferramentas avançadas e domínio de conceitos importantes da estatística, como métodos determinísticos e estocásticos, variáveis aleatórias e função densidade de probabilidade. O método é muito utilizado em estimação de cenários, análise quantitativa de riscos, análise de custos, previsão de vendas e dimensionamento de estoques, por exemplo, e tem sido utilizado cada vez mais em todas as ciências.

## Indicação cultural

ESTRELAS além do tempo. Direção: Theodore Melfi. EUA: Fox Filme do Brasil, 2017. 127 min.

Nesse longa, o espectador pode observar um exemplo de aplicação da técnica de simulação, durante a Guerra Fria, sem o uso de computadores. O filme conta a história de três matemáticas estadunidenses que atuavam na Nasa (National Aeronautics and Space Administration, ou Administração Nacional da Aeronáutica e Espaço) e precisaram enfrentar o racismo a despeito de suas contribuições intelectuais durante a corrida espacial.

## O QUE É

- ***DO files*** – Arquivos de texto executáveis pelo *software* estatístico Stata, nos quais ficam registradas as linhas de comando utilizadas e salvas pelo usuário, seja de forma direta (quando o usuário executa comandos por meio de códigos), seja de forma indireta (quando o usuário executa comandos pela interface gráfica do programa). Por meio do arquivamento de *DO files*, o usuário pode revisar seus comandos, além de reproduzi-los novamente quando quiser, mesmo após fechar o *software*.

- **Linguagem de programação** – Linguagem ou sintaxe que permite a um usuário estabelecer comunicação direta com uma máquina e transmitir comandos para criar programas e controlar suas operações.
- **Key Performance Indicator (KPI)** – Indicador que serve para mensurar e demonstrar o desempenho ou comportamento de uma estratégia, de um processo, de uma variável ou de um conjunto de variáveis.
- *Stakeholders* – Agentes, sendo indivíduos ou entidades, que mantêm vínculo de interesse, financiamento, colaboração ou outro para com um projeto e que, em última instância, estão sujeitos aos efeitos dos procedimentos realizados por determinada organização.
- *Missing data* – Dados que, por alguma razão, estão ausentes/faltantes em conjunto ou base de dados. Observações de dados podem estar faltantes por diversos motivos, como erros na coleta de dados, no gerenciamento de dados, na manipulação e no processamento de dados. Os *missing data* exigem grande cuidado, pois sua manutenção, sua exclusão ou sua transformação podem comprometer gravemente a análise dos demais dados.

- **Outliers** – Observações de dados com valor muito abaixo ou muito acima das demais presentes em um conjunto ou base de dados. Podem distorcer a compreensão sobre um conjunto de dados ao contribuir para uma elevação ou redução demasiada das médias ou de outras medidas descritivas, por exemplo.
- **Business Intelligence** – Prática que faz uso de análises exploratórias, estatísticas descritivas, mineração de dados e visualização de dados, a fim de subsidiar o processo de tomada de decisões em uma empresa por meio da análise de fatos passados.
- **Storytelling** – Técnica de contar histórias de modo estruturado em cronologias, roteiros e estratégias capazes de tornar a narrativa de um evento ou fato interessante, relevante e cativante para os ouvintes-finais.
- **Data storytelling** – Técnica de contar histórias por meio de dados na qual se descrevem de maneira organizada e inspiradora as características de determinados dados, as conclusões obtidas por meio deles, a cronologia do processo necessário para se chegar a esse ponto, entre outros temas.
- **Simulação de Monte Carlo** – Técnica que utiliza um processo iterativo com ajuda computacional para a ampliação de amostras mediante geração de números aleatórios associados a técnicas probabilísticas. Tem sido amplamente adotada na estimação de cenários, análises de risco, dimensionamento de estoques e previsão de vendas.

## SÍNTESE

A pesquisa bibliográfica é fundamental para compreender como outros pesquisadores lidaram com determinado problema, para fundamentar as bases científicas das evidências apresentadas por um consultor, bem como para tornar públicos métodos, dados e referências utilizados em um relatório estatístico.

Neste capítulo, citamos as principais plataformas específicas e agregadoras de artigos e conteúdos científicos e comentamos as formas de leitura adotadas por pesquisadores, quais sejam, exploratória, seletiva, analítica e leitura interpretativa.

Informamos que a ciência de dados compreende métodos tradicionais de análise de dados (*Business Intelligence*, regressão linear e regressão logística) e métodos avançados (*machine learning, deep learning*, entre outros).

Exploramos as diversas ferramentas utilizadas em análise de dados, seus principais conceitos, suas diferenças, bem como suas vantagens e desvantagens, com destaque para: planilhas eletrônicas (Microsoft Excel, Google Sheets, Libre Office etc.), *softwares* estatísticos (Gretl, Stata, E-views, entre outros) e linguagens de programação (Python, R, C++, C#, Julia, Javascript).

Detalhamos as atividades de cada etapa do fluxo de geração de resultados em uma consultoria, a saber: análise diagnóstica; definição das perguntas; definição das métricas; composição de indicadores; coleta de dados; processamento, preparação e organização de dados; análise de dados;

tradução de resultados; revisão e recoleta; e construção do relatório estatístico.

Enfatizamos a importância da análise diagnóstica para clarificar a necessidade do contratante e da garantia de liberdade, confidencialidade e segurança na coleta de informações com respondentes internos ao ambiente do contratante.

Assinalamos que a pergunta que norteia um trabalho de consultoria pode estar centrada em temas diferentes, a depender do perfil do ente contratante, e que muitos indicadores podem ser elaborados a partir de métricas já coletadas consistentemente em seus sistemas gerenciais.

Ademais, tratamos das implicações e necessidades associadas ao processo de coleta de dados, como: gerenciamento de arquivos (local de armazenamento, nomeação etc.), tabulação de dados, ferramentas utilizáveis, entre outros aspectos. Abordamos as complexidades das diversas atividades relacionadas ao processamento, à preparação e à organização das bases de dados utilizadas em uma consultoria, envolvendo: manutenção de cópias originais; arquivamento de *scripts*; combinações de fontes de dados; uso de estatísticas descritivas; verificação de observações; limpeza e transformação; estruturação de dados de fontes não estruturadas, entre outras práticas.

Discutimos a importância e os detalhes do processo de tradução dos resultados obtidos em uma análise de dados, ressaltando que o consultor precisa extrair informações didáticas das tabelas, coeficientes e testes desenvolvidos, visando sempre a compreensão do leitor final.

> Por fim, discorremos também sobre o processo de revisão das perguntas definidas no início do fluxo de geração de resultados, além do processo de nova coleta de dados e suas dificuldades.

## Exercícios resolvidos

1) (Cespe/TRT/Analista judiciário – 2016) Com relação à definição das medidas de tendência central e de variabilidade dos dados em uma estatística, assinale a opção correta.

   a. A moda representa o centro da distribuição, é o valor que divide a amostra ao meio.
   b. A amplitude total, ou *range*, é uma medida de tendência central pouco afetada pelos valores extremos.
   c. A mediana é o valor que ocorre mais vezes, frequentemente em grandes amostras.
   d. A variância da amostra representa uma medida de dispersão obtida pelo cálculo da raiz quadrada positiva do valor do desvio padrão dessa amostra.
   e. A média aritmética representa o somatório de todas as observações dividido pelo número de observações.

   **Gabarito**: e

   **Comentário**: A média é uma medida de estatística descritiva que demonstra um valor padronizado ou estabilizado por meio da consideração dos diferentes valores, maiores ou menores, em um conjunto de observações. A média aritmética, ou média simples, consiste em obter o somatório de um conjunto de observações dividido pelo número de observações, conforme afirma a questão.

2) (Cespe/EBC/Analista de empresas de comunicação pública – 2011) Julgue o item subsecutivo, relativo a planejamento e organização de pesquisas.

O levantamento da existência de dados secundários pode reduzir os custos da pesquisa significativamente.

( ) Certo
( ) Errado

**Gabarito**: Certo

**Comentário**: Dados secundários são os já existentes e disponíveis para serem utilizados, ainda que produzidos por outros entes. Diferem dos dados primários por não precisarem ser coletados pelo pesquisador de um estudo. Assim, já havendo dados disponíveis para utilização, o pesquisador poupa tempo, esforços e recursos em sua pesquisa.

3) (Cespe/MEC/Administrador de banco de dados – 2015) No que tange ao PMBOK 5.ª edição, julgue o item que se segue.

No gerenciamento dos custos do projeto, a estimativa de custos, realizada na fase inicial, deve ser refinada ao longo do projeto, o que aumenta a precisão dessa estimativa.

( ) Certo
( ) Errado

**Gabarito**: Certo

**Comentário**: Muitos imprevistos e discrepâncias em relação ao planejamento inicial podem surgir ao longo do desenvolvimento de um projeto (consultoria), razão por que o gerenciamento de custos e o planejamento geral de trabalho precisam ser constantemente atualizados a fim de melhorar sua precisão e coerência com a realidade (planejamento em ondas sucessivas) (PMI, 2013).

4) (Cespe/Anac/Especialista em regulação de aviação civil – 2012) Julgue os itens que se seguem, acerca de sistemas organizacionais de administração e do ciclo de duração de projetos.

A aceitação formal do cliente é condição essencial para o encerramento do projeto.

( ) Certo
( ) Errado

**Gabarito**: Certo

**Comentário**: Mesmo após a geração de resultados e a entrega do(s) produto(s) de um projeto (ou consultoria), o serviço pode ser submetido a revisões com vistas a inclusões, remoções ou adaptações de conteúdo. Portanto, um serviço (de consultoria) só termina com a aceitação do ente contratante ou cliente (PMI, 2013).

5) (Cespe/STJ/Técnico judiciário – 2018) Com relação à gestão de projetos e à governança em organizações públicas, julgue o item subsecutivo.

Na gestão de projetos, o objeto de análise é o projeto, que consiste em uma sequência de atividades inter-relacionadas, de caráter permanente, que ocorrem em diferentes setores da organização.

( ) Certo
( ) Errado

**Gabarito**: Errado

**Comentário**: Entendendo o termo *projeto* como "serviço de consultoria" nesse contexto, o Guia do Conhecimento em Gerenciamento de Projetos (Guia PMBOK 5) define o projeto (ou consultoria) como "um esforço temporário empreendido para criar um produto, serviço ou resultado exclusivo" (PMI, 2013, p. 3). Sendo assim, um projeto ou consultoria não tem caráter permanente; antes, tem início e término bem definidos.

## Questões para revisão

1) Por que o uso de planilhas eletrônicas para a análise de microdados não é recomendado?

2) Qual é a importância da manutenção regular de *scripts* para coleta, processamento e análise de dados por parte do consultor?

3) (Cespe/TJ-RR/Biblioteconomista – 2012) A estrutura de uma entrevista elaborada no âmbito de uma pesquisa quantitativa apresenta as seguintes características: baixo grau de estruturas impositivas, preponderância de questões abertas e foco em situações específicas e sequências de ações do mundo do entrevistado.

( ) Certo
( ) Errado

4) (Cespe/ANTT/Especialista em regulação – 2013) Acerca da utilização de ferramentas para análise e melhoria de processos em uma organização, julgue o item subsequente.

A matriz GUT considera gravidade, urgência e tendência como fatores a serem ponderados na priorização de problemas.

( ) Certo
( ) Errado

5) (Cespe/Bacen/Analista – 2013) Acerca de gestão da mudança, construção e mensuração de indicadores de processos e gestão de normativos e manuais internos, julgue os itens subsequentes.

O KPI (*key performance indicator*), cujas características são fomentar a transformação na organização e ser orientado ao contexto, pode ser utilizado pelo gestor para acompanhamento e mensuração dos processos de uma organização.

( ) Certo
( ) Errado

## Questões para reflexão

1) Qual é o papel da pesquisa bibliográfica na difusão da ciência sobre abordagens metodológicas, resultados obtidos e na democratização do conhecimento?

2) Por que o processo de definição de perguntas-orientadoras de uma consultoria pode variar a depender da natureza e do perfil do ente contratante?

3) Quais são as vantagens e desvantagens dos diferentes métodos de armazenamento e divulgação de materiais de consultoria (bases de dados, *scripts*, outros arquivos etc.)?

4) Qual *software* em estatística seria mais adequado a cada caso e qual é mais adequado a seu perfil (planilhas eletrônicas, *softwares* de estatística ou linguagens de programação)?

5) Ao obter dados consolidados de uma fonte confiável em dada área do conhecimento, quais são as dificuldades práticas do processo de geração de resultados em uma pesquisa/consultoria?

## Conteúdos do capítulo:
- Alcance das conclusões.
- Validade das conclusões.
- Discussão dos resultados.
- Ferramentas de análise de dados.

## Após o estudo deste capítulo, você será capaz de:
1. apontar a importância da representatividade na construção da amostra na análise estatística;
2. diferenciar correlação e causalidade e indicar suas implicações na validade das conclusões da pesquisa;
3. reconhecer a importância da utilização de uma linguagem acessível e criativa na apresentação dos resultados;
4. citar as principais ferramentas de análise de dados e suas principais aplicações.

# 5

# Discussão dos resultados

## 5.1 Percurso para formular conclusões

Imagine que você tem de preparar uma sopa. Você corta todos os legumes, ferve em uma panela com água, adiciona sal e os temperos de que mais gosta. Para verificar se não exagerou nos temperos ou se sua sopa está suficientemente salgada, você prova um pouco dela em uma colher. Como você se certificará de que sua sopa realmente não está salgada? E se a colher que você retirou de sopa contém mais ou menos sal do que o conteúdo que permanece na panela? Seria importante ter certeza de que dissolveu os temperos de maneira homogênea; somente assim se pode assumir que aquela colher representa o todo da sopa que preparou.

Analogamente, em uma pesquisa estatística, a preocupação é a mesma: independentemente da amostra, as inferências feitas a partir dela somente podem ser consideradas representativas do todo se a amostra não for enviesada. E a forma mais fácil de fazer isso é obtendo uma amostra aleatória.

A palavra *aleatório* é empregada cotidianamente em diversos contextos para designar algo incerto, sujeito a situações desconhecidas. Entre os mais jovens, é comum dizer que alguém é uma pessoa "aleatória" quando faz coisas que não seguem um padrão ou são inesperadas. No entanto, em estatística, uma **amostra aleatória** é aquela em que cada indivíduo da população tem uma probabilidade igual de ser selecionado.

Os custos de se construir uma amostra aleatória – desde considerar toda a população até realizar os sorteios de seleção – muitas vezes tornam o uso dessas amostras inviável. Portanto, apesar de esse ser considerado o padrão-ouro da estatística, nas ciências sociais, é raro conseguir trabalhar com amostras aleatórias. No lugar destas, são utilizados diversos tipos de amostragem que se prestam a mimetizar a ideia de que cada indivíduo da população tenha uma probabilidade igual de ser selecionado. Afinal, é imprescindível que os parâmetros de uma amostra sejam estimativas razoáveis dos parâmetros de uma população.

De acordo com Barbetta (2012), existem cinco tipos básicos de amostragem:

1. **Amostragem aleatória simples** – É o padrão-ouro da estatística, uma vez que se inicia com a lista completa dos elementos de uma população da qual se sorteiam os elementos da amostra. Esse método garante que todos os elementos da população tenham a mesma probabilidade de serem escolhidos. É o tipo de amostragem ideal, porém, nem sempre viável. Não obstante, suas características fundamentam a construção de outros tipos de amostragem.

2. **Amostragem aleatória sistemática** – Utiliza um intervalo de seleção sistemático, facilitando o processo de escolha dos componentes da amostra. Por exemplo, para uma população de 32 indivíduos, pode-se construir uma amostra de 5 observações a partir de um intervalo de seleção de 6 (32/5 = 6). Assim, em uma lista, sorteia-se aleatoriamente um indivíduo de 1 a 6 e, depois disso, soma-se 6 para escolher o segundo, mais 6 para escolher o terceiro, e assim por diante. A escolha do primeiro elemento pode ser feita com o auxílio de uma tabela de números aleatórios.
3. **Amostragem aleatória estratificada** – Dividindo-se a população em subgrupos denominados *estratos*, é possível criar uma amostra representativa. É indispensável que os critérios de estratificação forneçam estratos homogêneos; por essa razão, a população em estudo deve ser minimamente conhecida pelo pesquisador. As seleções aleatórias, nesse caso, recaem sobre os diversos estratos da população, e não sobre a população como um todo.
4. **Amostragem aleatória de conglomerados** – Conglomerados são agrupamentos de elementos da população, como quarteirões, numa população de domicílios residenciais. Nessa amostragem, podem ser observados todos os elementos dos conglomerados escolhidos ou podem ser selecionados de maneira aleatória elementos específicos desses conglomerados (amostragem de conglomerados em dois estágios).

**5. Amostragem não aleatória** – Alternativa para aqueles casos em que a amostragem aleatória é inviável. Visa à obtenção de amostras que representem bem a população. Um dos tipos mais comuns é a amostragem **por cotas**, a qual é bastante semelhante à amostragem estratificada, pois divide a população em subgrupos, selecionando em cada subgrupo uma cota proporcional a seu tamanho. Compensa-se a falta de aleatoriedade dividindo-se a população em diversos subgrupos. Já no tipo **por julgamento**, os elementos são escolhidos pelo pesquisador com base em um conhecimento prévio.

Problemas de amostragem afetam a validade dos resultados de uma pesquisa. Grande parte dos métodos estatísticos são capazes tão somente de encontrar **correlação** entre variáveis – o que significa encontrar uma associação entre uma variável A e uma variável B – sem, no entanto, identificar uma **relação causal** entre elas. Desse modo, deve ser muito criteriosa a inferência de características da população a partir de uma amostra. E o pesquisador deve manter uma postura firmada na ideia "parece haver uma relação" ou "há evidências de que certa relação exista"; afinal, validar uma hipótese não implica necessariamente que todas as outras estão erradas ou que algum componente importante esteja de fora do modelo.

## 5.2 Validade das conclusões

Por sua natureza, pesquisas quantitativas são suficientemente padronizadas para serem replicadas e contestadas com relativa facilidade. Os vieses de uma pesquisa quantitativa, ainda que nem sempre sejam controláveis, podem ser mensurados e levados em conta, diferentemente das pesquisas qualitativas, em que o caráter subjetivo assume grande importância na análise.

No entanto, mesmo que a pesquisa quantitativa pareça estar fundamentada em aspectos objetivos, ela vem sendo utilizada historicamente por muitos profissionais de maneira capciosa e tendenciosa. Huff (2019) alerta que gráficos distorcidos, médias muito distantes da mediana, porcentagens sobre amostras muito pequenas, principalmente quando apresentados com confiança, enganam e podem ser utilizados para ratificar tudo aquilo que é conveniente para quem enuncia.

## Exemplificando

Experimente jogar uma moeda para cima dez vezes. Qual é a probabilidade de dar cara e qual é a probabilidade de dar coroa? Todos sabemos que é de 50%. No entanto, se você tentar, esse resultado dificilmente será alcançado. Em cinco ou dez tentativas, é possível, até mesmo, que todas deem cara ou todas deem coroa. Se você tiver a paciência de fazê-lo mil vezes, dez mil vezes, um milhão de vezes, a real probabilidade aparecerá e, provavelmente, seu resultado será muito próximo de 50-50.

Segundo Huff (2019, p. 112):

> até o homem no trabalho acadêmico pode ter um preconceito (talvez inconsciente) para favorecer um ponto a ser provado, um desejo a satisfazer, uma ideia a servir. Isso sugere que

se dê à matéria estatística, aos fatos e números nos jornais e livros, revistas e anúncios, uma segunda revisão severa, antes de se aceitar qualquer deles. Algumas vezes uma cuidadosa observação porá a coisa em foco. Mas a recusa arbitrária dos métodos estatísticos também não faz sentido. Isso seria como se recusar a ler porque os autores algumas vezes preferem usar palavras para esconder os fatos e não para combatê-los.

Portanto, o cuidado com o tratamento dos vieses de uma pesquisa objetiva deve ser o primeiro aspecto a ser considerado por qualquer pesquisador sério. Não pode haver uma predisposição dos pesquisadores por um resultado, ainda que seja do interesse do contratante. E, seja qual for o resultado encontrado, ele deve ser expresso de modo muito bem fundamentado e reprodutível, sempre demonstrando a imparcialidade dos consultores da pesquisa.

Entre simpatizantes da estatística, é conhecida a anedota "torturar os dados até que eles confessem o que você quer que eles digam". A análise de dados é um processo cuidadoso e criterioso e que deve passar pelo crivo de pesquisadores experientes. O trabalho de pesquisa com dados, se feito adequadamente, pode ser muito rico e proveitoso.

## Para saber mais

HUFF, D. **Como mentir com estatísticas**. Tradução de Bruno Casotti. Rio de Janeiro: Intrínseca, 2019.
Nesse trabalho, originalmente publicado em 1954, Darrell Huff discute o fato de a estatística, principalmente com a

> evolução da propaganda, ser capaz de disseminar informações equivocadas. Diferentemente do que sugere o título, o livro revela como identificar uma estatística falsificada e combatê-la.

## 5.3 Discussão dos resultados

Estando os dados preparados e organizados em uma base de dados consolidada, dá-se início ao processo de análise dos dados propriamente dita. Essa fase pode ser dividida em três etapas, quais sejam: (1) análise exploratória, (2) análise classificatória e (3) análise preditiva; cada uma delas conta com técnicas e ferramentas específicas.

Empreender uma análise exploratória antes das análises mais sofisticadas permite ao pesquisador aprimorar suas perguntas e levantar novas hipóteses, fundamentando a discussão posterior dos resultados.

Entre estudantes de graduação, e mesmo entre pesquisadores experientes, existe a tendência de se subestimar a análise exploratória. O uso de modelos preditivos sofisticados acaba eclipsando a importância de conhecer bem os dados antes de utilizá-los em métodos mais avançados. Muitas vezes, as perguntas definidas no início da análise não exigem o uso de modelos sofisticados, e a análise das estatísticas descritivas pode ajudar a melhorar essas perguntas.

Portanto, independentemente da análise a ser feita, recomenda-se começar pela discussão dos resultados da análise exploratória, para se conhecer os dados e formular hipóteses mais aprofundadas, bem como perceber possíveis erros de mensuração, *outliers* e outros problemas das bases de dados que podem, até mesmo, invalidar uma análise estatística mais sofisticada.

Convém, então, descrevermos alguns tipos de **análise exploratória**:

- ***Business Intelligence*** – Análise dos dados para a elaboração de hipóteses em relação a fatos passados, normalmente utilizada por empresas para compreender quedas ou aumentos na lucratividade, relações entre movimentos da empresa e movimentos dos mercados etc. Permite analisar a evolução de métricas e KPIs (Key Performance Indicators) e elaborar relatórios e *dashboards* a respeito desses indicadores.
- **Estatísticas descritivas** – Técnicas para descrever e resumir um conjunto de dados quantitativos, sem o intuito de obter conclusões, bastando proceder à observação dos aspectos relevantes que podem se tornar insumos para a delineação de hipóteses. Elas norteiam as prováveis respostas das perguntas delimitadas anteriormente. Dividem-se em três tipos:
    1. **Análise univariada** – Diz respeito a descrever uma única variável quantitativa, com o fito de se explorar sua distribuição e medidas de posição central (como média, mediana e moda) ou medidas de dispersão (como variância, desvio-padrão, amplitude e coeficiente de variação). Essas informações podem ser resumidas em gráficos e tabelas.

Na Figura 5.1, mostramos a estrutura de um **diagrama de caixa**, mais conhecido como *box-plot*, que apresenta, simultaneamente, medidas de posição central e de dispersão, sendo possível identificar facilmente afastamentos de simetria, *outliers* e pontos em que a média se distancia da mediana, indicando uma possível não normalidade na distribuição dos dados.

**Figura 5.1** – Estrutura gráfica de diagrama de caixa (*box-plot*)

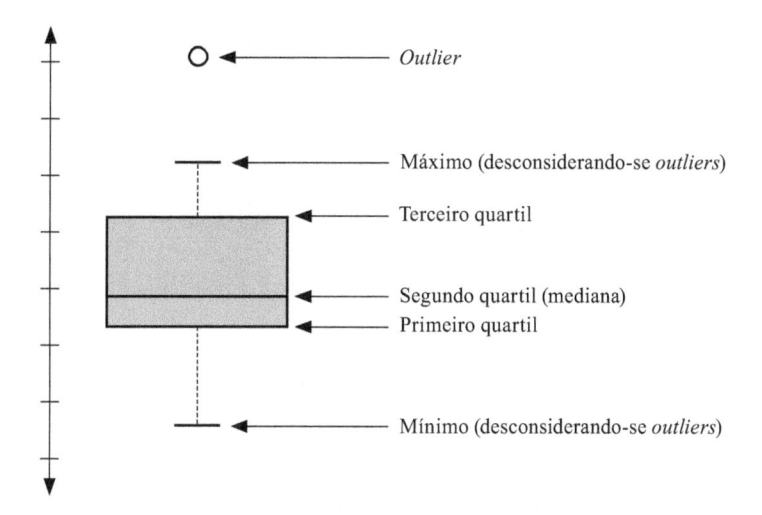

- Outlier
- Máximo (desconsiderando-se *outliers*)
- Terceiro quartil
- Segundo quartil (mediana)
- Primeiro quartil
- Mínimo (desconsiderando-se *outliers*)

Outra ferramenta univariada bastante útil para conhecer o comportamento de uma variável por sua frequência absoluta ou relativa é o **gráfico de distribuição de frequência**, também conhecido como *histograma* (Figura 5.2) – uma espécie de gráfico de barras que mostra a distribuição de frequência dos dados. A análise da distribuição de frequência, em conjunto com as estatísticas descritivas, fornece ao pesquisador informações a respeito da simetria dos dados, *outliers*, bem como a medida de concentração em torno da média.

**Figura 5.2** – Estrutura de um gráfico de distribuição de frequência (histograma)

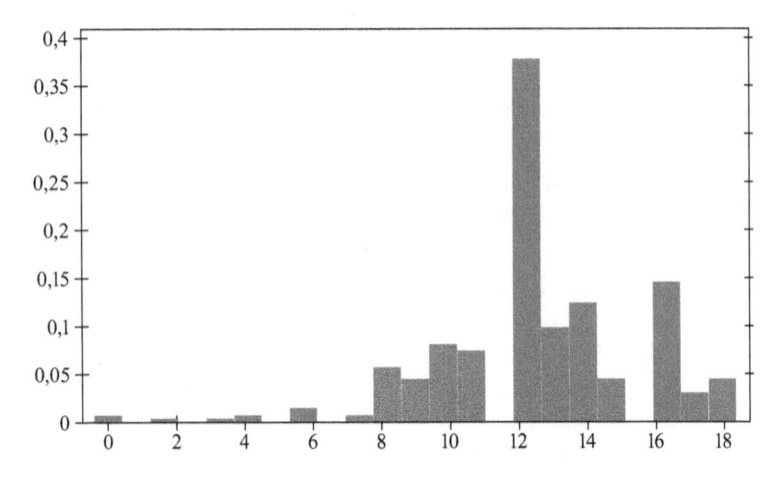

2. **Análise bivariada** – Ante a pressuposição da existência de relacionamentos entre as diversas variáveis quantitativas, pode-se lançar mão da análise bivariada para descrever o relacionamento entre pares de variáveis. Podem ser utilizadas tabulações cruzadas, gráficos de dispersão, descrições de distribuições condicionais e medidas quantitativas de dependência, como covariância e correlação.

Plotando duas variáveis quantitativas em um gráfico de dispersão, é possível identificar se há correlação positiva ou negativa e se o relacionamento entre elas é linear ou não linear. Essa análise permite formular hipóteses a respeito da especificação dos modelos preditivos. Na Figura 5.3, mostramos a representação de exemplos de correlação entre duas variáveis.

**Figura 5.3** – Estrutura de um gráfico de dispersão e tipos de relacionamento entre duas variáveis

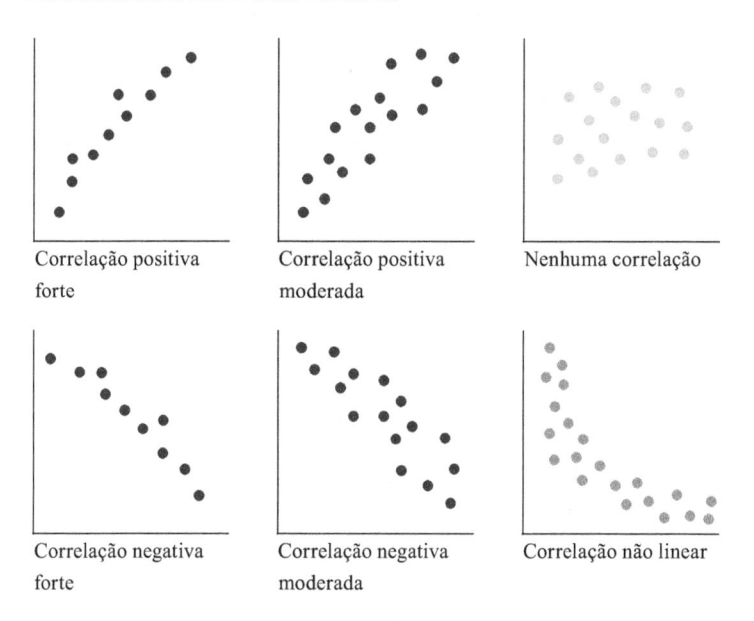

Correlação positiva forte

Correlação positiva moderada

Nenhuma correlação

Correlação negativa forte

Correlação negativa moderada

Correlação não linear

É conveniente assinalar que as variáveis coletadas podem ser quantitativas e qualitativas. Estas últimas podem ser descritas em gráficos de frequência, de setores (os famosos gráficos de *pizza*) ou de barra, mas não podem ser descritas em um gráfico de dispersão ou um diagrama de caixa (*box-plot*), nem apresentam medidas de posição ou dispersão válidas.

No entanto, vale registrar, a combinação entre variáveis quantitativas e qualitativas durante a análise exploratória de dados pode ser muito útil. Suponha a existência de uma variável quantitativa (*educ*) que mede os anos de escolaridade para uma amostra de indivíduos. Suponha também uma variável qualitativa (*female*) que identifica se esse indivíduo é mulher (1) ou homem (0). Considerando esse exemplo, a Figura 5.4 mostra um diagrama de caixa (*box-plot*) fatorizado o qual expressa, entre outras informações, que a variância da escolaridade entre os homens é bem maior do que entre as mulheres.

**Figura 5.4** – Diagrama de caixa fatorizado (*box-plot*)

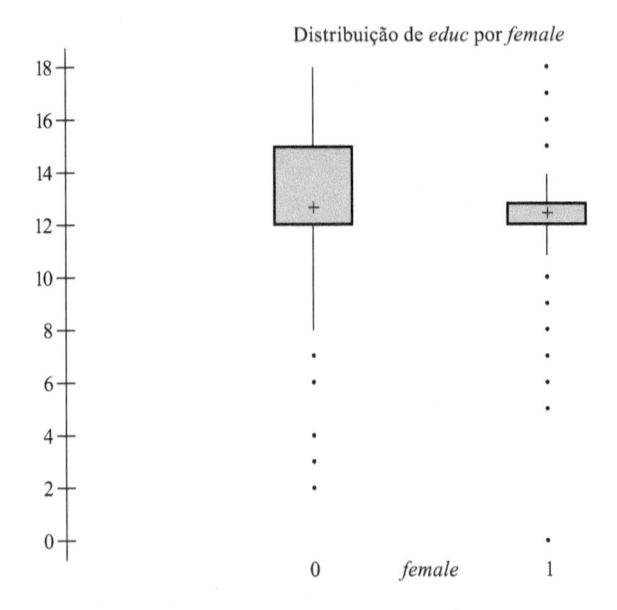

As correlações entre pares de variáveis também podem ser visualizadas em uma **matriz de correlação**. A Figura 5.5 apresenta uma matriz de correlação para três variáveis – *wage*, *educ* e *exper* –, as quais mensuram, respectivamente, o salário, os anos de educação e os anos de experiência para uma amostra de indivíduos. A leitura da matriz de correlação leva em conta o cruzamento entre linhas e colunas. Por exemplo, como a primeira coluna corresponde à variável *wage* (salário) e a primeira linha também informa sobre a variável *wage*, a célula que une as duas informações apresenta uma correlação de 1, uma vez que esta indica a correlação entre *wage* e ela mesma. A segunda célula, na primeira linha, representa a correlação entre a variável *wage* (linha) e a variável *educ* (coluna), resultando em uma correlação de 0,4. Isso indica que salário e número de anos de educação têm, nessa amostra, uma correlação positiva de 0,4. Na Figura 5.5, uma correlação positiva é identificada pela cor vermelha e uma correlação negativa é indicada pela cor azul.

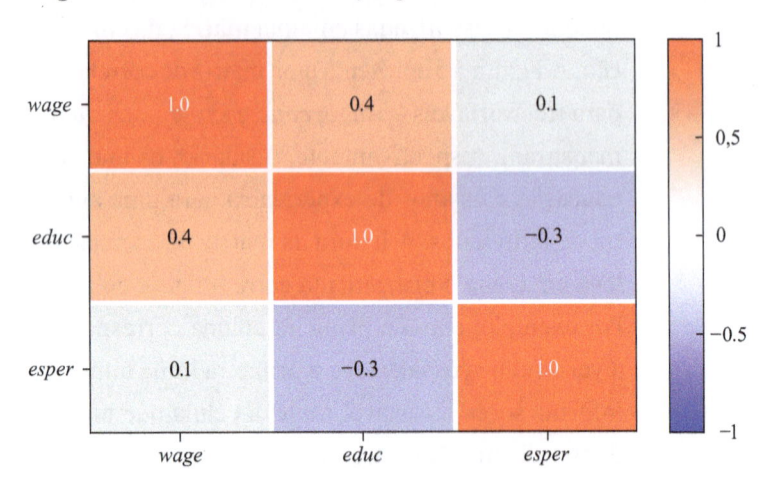

**Figura 5.5** – Matriz de correlação para três variáveis

|       | wage | educ | esper |
|-------|------|------|-------|
| wage  | 1.0  | 0.4  | 0.1   |
| educ  | 0.4  | 1.0  | −0.3  |
| esper | 0.1  | −0.3 | 1.0   |

Matrizes de covariância podem envolver muitas variáveis, mas representam apenas as correlações bivariadas entre elas. Para tratar correlações entre, pelo menos, duas variáveis independentes e uma dependente, utiliza-se a análise multivariada.

3. **Análise multivariada** – Caso em que o relacionamento entre as diversas variáveis quantitativas ocorre entre mais de três variáveis. Depende de modelos mais avançados e não pode ser representada em duas dimensões.

## 5.4 Ferramentas de análise de dados

Após a análise exploratória, muitas vezes os pesquisadores precisam lidar com o excesso de informação gerada por grandes quantidades de dados coletados. A **dimensionalidade** é um problema comum quando se trata de analisar dados estatísticos. Pode-se trabalhar muitas variáveis, algumas delas contendo praticamente a mesma informação, sem poderem, contudo, ser ignoradas ou excluídas da análise. Se as variáveis independentes forem altamente correlacionadas, é difícil estimar a relação entre elas e uma variável dependente, problema conhecido na área de econometria como *multicolinearidade*.

Então, para "reduzir o número de dimensões necessárias para se descrever dados derivados de um grande número de medidas" (Urbina, 2007, p. 176), utilizam-se técnicas de **análise classificatória**, como análise fatorial (AF) e análise de componentes principais (ACP). O pressuposto dessas metodologias é utilizar a correlação entre diferentes variáveis para construir uma variável latente. De acordo Dancey e Reidy (2006), a diferença é que, na ACP, é utilizada toda a variância, ao passo que, na AF, apenas a variância compartilhada é contemplada.

IMPORTANTE!

Variáveis latentes, também conhecidas como *construtos* ou *fatores*, são variáveis que não podem ser diretamente medidas, como inteligência, nível socioeconômico, democracia, motivação etc.

Essas duas técnicas são adotadas para gerar combinações lineares dessas variáveis com o propósito de se capturar o máximo possível de sua variância conjunta. Expresso de outro modo, ambas são utilizadas para identificar padrões em um número grande de variáveis e determinar a possibilidade de resumir essas informações em um conjunto menor de fatores (Matos; Rodrigues, 2019).

Especificamente, a AF pode ser exploratória ou confirmatória. Quando não há *a priori* uma hipótese de relacionamento entre as variáveis, ou seja, quando a ideia é "deixar os dados falarem por si mesmos", consolida-se o primeiro caso. Já quando a estrutura do construto, ou variável latente, pode ser sugerida pelo pesquisador – caso em que o método apenas confirma a validade empírica dessa associação –, tem-se a análise confirmatória. Desse modo, diversas variáveis altamente correlacionadas entre si podem ser transformadas em alguns poucos fatores que, além de serem convenientemente independentes uns em relação aos outros, resumem as informações das variáveis em conjunto.

Existem, ainda, diversos métodos estatísticos avançados que podem ser utilizados para fazer **análises preditivas**.

Um modelo preditivo nada mais é do que uma função matemática que representa o relacionamento entre variáveis independentes e uma variável dependente para uma grande quantidade de dados.

**Modelar uma variável** significa encontrar os principais determinantes que a explicam. Se satisfeitas certas pressuposições (normalidade dos dados, por exemplo), essa função pode ser usada para prever resultados futuros, com certo intervalo de confiança.

A ideia subjacente é encontrar padrões entre diversas variáveis independentes e uma variável dependente mediante a estimação de coeficientes que representem esse relacionamento. Esses coeficientes podem ser avaliados em sua **magnitude**, mas também em sua **significância estatística**, já que dados estatísticos precisam lidar com a incerteza e os fatores não controlados.

Existem diversos métodos, desde os tradicionais até os que se utilizam de inteligência artificial, na estimação desses coeficientes. A seguir, detalhamos alguns deles:

- **Regressão linear** – Estima coeficientes que expliquem o relacionamento entre uma ou mais variáveis independentes e uma variável dependente quantitativa contínua. Caracteristicamente, seus coeficientes podem ser interpretados como o efeito de uma variável independente sobre uma variável dependente, mantendo os outros fatores fixos. Por se tratar de uma relação estatística, os coeficientes estimados estão relacionados a um erro-padrão que pode ser utilizado para testar a significância estatística desses resultados.

- **Regressão logística** – Estima coeficientes que expliquem o relacionamento entre uma ou mais variáveis independentes e uma variável dependente binária, ou seja, uma variável que pode assumir apenas os valores 0 e 1. Diferentemente da regressão linear, envolve a probabilidade de a variável dependente ser 0 ou 1 – por exemplo, um indivíduo comprar ou não um produto (dependente), baseada nas características desse indivíduo (independentes). Por isso, é também conhecido como *modelo de probabilidade.*

- **Análise de *cluster*** – Agrupa observações em aglomerados com características em comum, com base em suas semelhanças e não necessariamente em características preestabelecidas. Assemelha-se, em algum grau, à AF, uma vez que permite encontrar uma estrutura de agrupamento natural, sem interferência do pesquisador. É comumente utilizada em *marketing* com vistas à segmentação de mercado.

- **Séries de tempo** (*time series*) – Uma série temporal é um conjunto de observações relacionadas a diferentes momentos do tempo. Esses intervalos podem assumir qualquer tempo, podendo ser diários, semanais, mensais, trimestrais, anuais, quinquenais ou decenais. Séries temporais podem ser coletadas em intervalos extremamente curtos, como preços de ações, por exemplo. A grande diferença dos dados de série temporal para os dados utilizados em modelos de regressão linear – conhecidos como *dados de corte temporal* ou *cross-section* – é que as séries temporais dizem respeito a **uma** unidade observacional acompanhada no tempo, e não em diversas observações independentes de várias unidades observacionais. Dada essa característica, o tempo se torna uma dimensão importante, já que a ordem desses dados importa e a autocorrelação serial, um problema quando se trata de modelos de regressão, por exemplo, é tida como uma característica natural dos dados. Existem diversos modelos para estimação de séries de tempo, como: modelo autorregressivo integrado de médias móveis (Arima); modelo de heterocedasticidade condicional autorregressiva (Arch); modelo de heterocedasticidade condicional autorregressiva generalizada (Garch); e modelo autorregressivo vetorial (VAR).

- ***Machine learning*** – Utiliza recursos de inteligência artificial para estimar os coeficientes de uma função matemática complexa. Existem, basicamente, dois tipos:
    1. **Modelos supervisionados** – Recebem dados de entrada e saída e têm como tarefa encontrar a relação entre ambos no que se denomina *fase de treinamento*. Nessa fase, os modelos são treinados em, por exemplo, 80% dos dados e, logo após a otimização, são utilizados os 20% de dados restantes para testá-lo, identificando um nível de acurácia que irá validá-lo ou não.
    2. **Modelos não supervisionados** – Recebem apenas dados de entrada para encontrar os padrões existentes por meio de uma função de minimização de perdas. É como se o modelo fosse recompensado a cada vez que chegasse perto de seu alvo e punido no caso contrário. Para funcionar, o volume de dados precisa ser grande e suficientemente livre de erros.
- **Redes neurais (*deep learning*)** – Utilizam recursos de inteligência artificial e mimetizam o funcionamento dos neurônios do cérebro humano. São utilizadas na identificação de imagens, reconhecimento de fala, sistemas de recomendação de plataformas de entretenimento e previsões. Contêm funções de ativação com níveis diferentes de complexidade e um número determinado de camadas para "aprender" a relação entre as variáveis.

São muito numerosos também os modelos utilizados para estrutura de dados em painel (baseados em regressão linear e séries temporais), modelos de avaliação de impacto, que se utilizam de grupos de controle e de tratamento para criar quasi-experimentos, e diversos outros que fogem ao escopo deste livro. O mais importante é compreender que, para cada problema e cada estrutura de dados, existem diversos modelos relacionados com seus limites metodológicos e ainda surgirão novos modelos para resolver problemas específicos.

## Estudo de caso

Uma concessionária está interessada em saber qual é o padrão de comportamento histórico do valor de suas receitas de vendas e quais são suas perspectivas para os próximos cinco anos. Para tanto, contratou um consultor estatístico para realizar um estudo que viabilize a elucidação de tal questão.

Por se tratar de um KPI da empresa, a concessionária já dispõe em seus sistemas gerenciais de todos os dados relativos às vendas de automóveis em cada uma de suas filiais ao longo dos últimos 30 anos, os quais estão disponíveis em várias periodicidades (mensal, trimestral, semestral, anual etc.). Logo, o consultor não precisa recorrer a nenhuma técnica de amostragem para coleta de dados, pois já conta com os dados históricos.

Ao realizar a pré-análise dos dados, o consultor utiliza recursos de estatística descritiva (médias, medianas, modas etc.) para compreender e descrever os dados disponibilizados pela empresa, quanto a marcas de veículos, modelos de veículos, valores de veículos, filiais etc.

O consultor utiliza a análise univariada para descrever o desempenho das vendas de automóveis da concessionária nos últimos 30 anos. Por meio da análise bivariada, ele descreve também o comportamento das vendas de automóveis da concessionária em relação à variação da taxa básica de juros do país ao longo do mesmo período, demonstrando uma correlação negativa.

Por fim, o consultor desenvolve um modelo estatístico de séries temporais sob o escopo da análise exploratória do tipo Arima. Por meio desse modelo, o consultor encontra resultados que lhe permitem compreender quantitativamente o padrão histórico das vendas de automóveis da concessionária nos últimos três decênios.

O consultor também utiliza o modelo Arima construído para fazer uma estimativa dos possíveis valores das vendas de automóveis ao longo dos próximos cinco anos, sob o escopo da análise preditiva. Em consonância para com o princípio Kiss (Keep It Stochastically Simple – em tradução livre, "manter o modelo o mais simples possível") e o princípio de evitar a "tortura de dados", o consultor mantém a estimativa calculada, apesar de demonstrar pouca margem de crescimento para o período de referência, explicando também o intervalo de confiança da estimativa feita.

# O QUE É

- **Amostra** – Conjunto de elementos que representa uma pequena parte ou porção de uma população total de elementos, utilizado quando se deseja examinar algo em relação à população total de elementos, mas não é viável ou prático fazê-lo com os elementos em sua totalidade (censo).
- **Probabilidade** – Campo da estatística que busca identificar padrões de ocorrência ou chances de que ocorram resultados específicos em experimentos não determinísticos/aleatórios (em que não se pode fazer previsões lógicas por meio de tentativas).
- **Correlação** – Relação mutuamente recíproca na qual dois ou mais eventos ocorrem ou duas ou mais variáveis apresentam certo padrão de comportamento concomitantemente, seja por disporem de associação a um elemento em comum, seja por uma coincidência não lógica.
- **Econometria** – Campo do conhecimento que utiliza recursos estatísticos (distribuições de frequência, testes estatísticos, medidas descritivas) e modelos matemáticos (regressão linear simples, regressão linear múltipla, regressão não linear) para empreender análises de dados e problemas econômicos.
- **Série de tempo (*time series*)** – Organização de dados na qual as variáveis são dispostas em colunas e cada linha representa um recorte de um período temporal

diferente, em ordem cronológica, sendo, portanto, dependentes umas das outras.

- **Dados de corte (*cross-section*)** – Organização de dados na qual as variáveis são dispostas em colunas, porém todas as linhas e observações fazem referência a um único período temporal uniforme, de modo que cada observação é independente das demais.

## Síntese

Ao longo deste capítulo, explicamos que conclusões sobre uma população podem ser obtidas a partir de uma amostra de dados, desde que esta seja representativa da população total, condição atendida quando essa amostra é aleatória. A aleatoriedade é garantida quando cada elemento da população tem a mesma probabilidade de ser selecionado que os demais.

Orientados pelo conceito de amostra representativa, citamos os principais tipos de amostras, a saber: aleatória simples (elementos sorteados); aleatória sistemática (elementos selecionados a partir de um padrão sistemático); aleatória estratificada (elementos selecionados a partir da representação dos estratos da população total); aleatória de conglomerados (elementos selecionados a partir de grupos ou conglomerados); e não aleatória (seleção de elementos com base em cotas representativas da população total).

Discorremos também sobre as dificuldades e limitações da amostragem aleatória, como em estudos das ciências sociais. Além disso, salientamos que o pesquisador precisa tomar bastante cuidado ao declarar suas conclusões, como afirmar que a existência de relação entre duas variáveis é uma evidência concreta ou de incorrer no erro de confundir causalidade com correlação.

Ainda, informamos que o processo de análise de dados pode ser dividido em três subprocessos: a análise exploratória, a análise classificatória e a análise preditiva.

A primeira objetiva explorar os dados e obter informações sobre suas características a fim de fundamentar as bases para um conhecimento mais profundo e para a aplicação das outras etapas da análise de dados, fazendo uso de recursos como *Business Intelligence* e estatísticas descritivas. Pode envolver a aplicação de análise univariada ou bivariada: aquela compreende a descrição quantitativa de uma variável isolada, por meio de medidas de tendência central, medidas de posição e medidas de dispersão como o diagrama de caixa (*box-plot*) e a distribuição de frequência (histograma); esta descreve e demonstra o relacionamento entre duas variáveis, utilizando recursos como medidas descritivas, gráfico de dispersão (que mostra o tipo de correlação entre as variáveis), diagrama de caixa fatorizado, matriz de correlação, entre outros. A análise multivariada, por sua vez, é aplicada como a bivariada, porém em casos em que há relacionamento entre três ou mais variáveis.

Esclarecemos que a análise classificatória é utilizada para construir variáveis latentes, que, por meio de combinações lineares, capturam e demonstram a variância conjunta entre variáveis. Assim, a análise de componentes é a ramificação que utiliza toda a variância das variáveis, ao passo que a análise fatorial utiliza apenas a variância compartilhada (intersecção) das variáveis.

Por fim, explicamos que a análise preditiva é a parte da análise de dados que, sob o cumprimento de determinadas condições, busca prever resultados futuros a partir de dados, com um intervalo de confiança definido. Pode ser aplicada por meio de regressão linear, regressão logística, análise de *cluster*, séries de tempo (*time series*) e modelos mais avançados, como *machine learning* ou redes neurais (*deep learning*).

## Exercícios resolvidos

1) (Cespe/Depen/Agente penitenciário federal – 2015) Considerando que, em um estudo nacional sobre o sistema penitenciário brasileiro para avaliar a qualidade das instalações bem como para identificar os casos de superlotação, a unidade observacional tenha sido a cela onde se encontravam os detentos, julgue o item que se segue.

No referido estudo, se for necessário que pelo menos uma unidade prisional de cada unidade da federação esteja contemplada na amostra, deverá ser empregada uma amostragem estratificada.

( ) Certo
( ) Errado

**Gabarito**: Certo

**Comentário**: A amostragem estratificada consiste em uma amostragem aleatória simples de cada estrato populacional predefinido. No exemplo do enunciado da questão, cada unidade prisional seria uma amostra simples de um estrato (unidade federativa).

2) (Cespe/Depen/Agente penitenciário federal – 2015) O diretor de um sistema penitenciário, com o propósito de estimar o percentual de detentos que possuem filhos, entregou a um analista um cadastro com os nomes de 500 detentos da instituição para que esse profissional realizasse entrevistas com os indivíduos selecionados. A partir dessa situação hipotética e dos múltiplos aspectos a ela relacionados, julgue o item seguinte, referente a técnicas de amostragem.

A diferença entre um censo e uma amostra consiste no fato de esta última exigir a realização de um número maior de entrevistas.

( ) Certo
( ) Errado

**Gabarito**: Errado

**Comentário**: O censo é uma operação de coleta de dados e análise a partir de todos elementos ou indivíduos de uma população total, ao passo que a amostragem compreende a coleta de dados e análise a partir de uma pequena parte ou porção dessa população. Sendo assim, o censo exige uma quantidade maior de entrevistas em comparação à amostra.

3) (Cespe/EBC/Analista – 2011) Julgue o item subsecutivo, relativo a planejamento e organização de pesquisas.

A explicitação formal das hipóteses de pesquisa pode ser dispensada em estudos de caráter meramente exploratório ou descritivo.

( ) Certo
( ) Errado

**Gabarito**: Certo

**Comentário**: No âmbito de uma análise exploratória, o consultor ou pesquisador busca explorar, compreender e descrever um fenômeno, um problema ou uma série de dados sob a filosofia de "deixar os dados falarem por si só" (Gujarati; Porter, 2011). Logo, o estabelecimento explícito de hipóteses pode ser dispensado, a fim de não enviesar a análise dos dados.

4) (Cespe/TCE-PA/Auditor de controle externo – 2016) Uma regressão linear simples é expressa por $Y = a + b \times X + e$, em que o termo $e$ corresponde ao erro aleatório da regressão e os parâmetros $a$ e $b$ são desconhecidos e devem ser estimados a partir de uma amostra disponível. Assumindo que a variável $X$ é não correlacionada com o erro $e$, julgue o item subsecutivo, no qual os resíduos das amostras consideradas são IID, com distribuição normal, média zero e variância constante.

A variável *Y* é denominada variável explicativa, e a variável *X* é denominada variável dependente.

( ) Certo
( ) Errado

**Gabarito**: Errado

**Comentário**: A questão simplesmente inverteu as nomenclaturas, no estudo da regressão; por convenção, a letra *Y* representa a variável dependente ou explicada (a qual se estuda como objeto central) e a letra *X* representa a variável independente ou explicativa (da qual se quer compreender a associação ou influência sobre a variável dependente) (Gujarati; Porter, 2011).

5) (Cespe/TJ-ES/Analista judiciário – 2011) No que concerne aos planos amostrais, julgue os itens a seguir.

Tanto na amostragem estratificada quanto na amostragem por conglomerados, a população é dividida em grupos. Na amostragem por conglomerados, de cada grupo seleciona-se um conjunto de elementos; na amostragem estratificada, devem-se selecionar quais estratos serão amostrados e, desses, observar todos os elementos.

( ) Certo
( ) Errado

**Gabarito**: Errado

**Comentário**: Na amostragem estratificada, seleciona(m)-se apenas uma ou mais amostras aleatórias simples de um ou mais estratos populacionais, homogêneos entre si, e não todos os elementos dos estratos. Já na amostragem por conglomerados, são selecionados elementos da população a partir de grupos não homogêneos da população total.

## Questões para revisão

1) De que modo a existência de *outliers* em um conjunto de observações não tratadas pode afetar a análise desses dados, como na análise de regressão?

2) Qual é a importância da estimativa de um intervalo de confiança em uma análise de dados do tipo preditiva?

3) (Cespe/Depen/Agente penitenciário federal – 2015) Considerando que, em um estudo nacional sobre o sistema penitenciário brasileiro para avaliar a qualidade das instalações bem como para identificar os casos de superlotação, a unidade observacional tenha sido a cela onde se encontravam os detentos, julgue o item que se segue.

Nesse estudo, uma amostragem aleatória simples sairá mais cara que uma amostragem por conglomerados.

( ) Certo
( ) Errado

4) (Cespe/EBC/Analista – 2011) Julgue o item subsecutivo, relativo a planejamento e organização de pesquisas.

As diferenças entre população-alvo e população acessível devem ser avaliadas no processo de amostragem e na consequente inferência.

( ) Certo
( ) Errado

5) (Cespe/TRE-ES/Analista – 2011) Julgue o item que se segue, referente às técnicas de amostragem e de inferência estatística.

No plano de amostragem por cotas, uma técnica probabilística, divide-se a população em classes de interesse e se seleciona uma quantidade de indivíduos de cada classe (quotas) para compor a amostra.

( ) Certo
( ) Errado

## Questões para reflexão

1) Considere as implicações práticas de uma consultoria cujo escopo envolve a entrevista com indivíduos de uma empresa de dimensão nacional. Qual técnica de amostragem você utilizaria e como faria a operacionalização dessa pesquisa?

2) Reflita sobre fatores possivelmente correlacionados em seu ambiente de trabalho ou de estudo. O que você faria para mensurá-los e testar suas hipóteses em uma análise de dados?

3) Quais são as maneiras mais adequadas para se lidar com *outliers* em um conjunto de observações de dados a fim de viabilizar e preservar a validade das conclusões de uma análise de dados?

4) Quais são as implicações práticas de se quantificar variáveis qualitativas a fim de viabilizar uma análise de dados no âmbito de uma consultoria?

5) De que modo recursos como *Business Intelligence* e *Data Visualization* (visualização de dados) contribuem para a obtenção e a demonstração de resultados em uma consultoria?

## Conteúdos do capítulo:
- Construção do relatório estatístico.
- Formação de um modelo.
- Banco de dados.
- Interpretação dos resultados.

## Após o estudo deste capítulo, você será capaz de:
1. produzir relatório estatístico;
2. aplicar adaptações à linguagem acadêmico-científica para favorecer a compreensão dos contratantes;
3. utilizar a técnica do *data storytelling* na comunicação de dados.

# 6

# Elaboração do relatório estatístico

## 6.1 Construção do relatório estatístico

O relatório estatístico é o produto esperado de uma consultoria em estatística e está intimamente relacionado à apresentação dos resultados para as partes interessadas. De fato, esses dois produtos devem ser entendidos como uma unidade, pois um relatório estatístico de má qualidade afeta a apresentação dos resultados e, de igual maneira, uma apresentação ruim pode desincentivar a leitura e o compartilhamento do relatório estatístico.

Nessa entrega final, é crucial que se evitem excessos de linguagem acadêmico-científica, priorizando-se uma abordagem didática e que apresente os resultados de maneira compreensível e interessante. Ainda que o relatório estatístico possa ser um pouco mais formal e técnico do que a apresentação, é aconselhável que seja o mais acessível possível, pois isso certamente o tornará mais efetivo ao ser lido e compartilhado, favorecendo as tomadas de decisão. Para tanto, é válido seguir algumas orientações:

- **Utilizar recursos opcionais** – Mesmo que haja espaço para detalhes metodológicos e esses processos tenham importância na validação dos resultados estatísticos, tais informações devem ser expressas, preferencialmente, em anexos ou apêndices, a fim de não afetar a fluidez da leitura para leitores leigos, mas mantendo a possibilidade de que aqueles que desejarem possam consultar esses detalhes. Se necessário, o relatório pode conter glossário, lista de tabelas, lista de gráficos, lista de abreviaturas e siglas, lista de símbolos etc.
- **Padronizar** – A formatação do relatório estatístico deve seguir, exceto quando o contratante estabelecer normas e *templates* específicos, as normas estipuladas pela Associação Brasileira de Normas Técnicas (ABNT) para tal documento. A padronização favorece a reprodução das metodologias e torna eficiente a leitura de materiais científicos das mais diversas áreas. As principais normas são: uso da fonte 12 (Arial ou Times New Roman) e espaçamento 1,5 cm e regras específicas para o caso de citações, margens e identificação das referências.
- **Respeitar estruturação com começo, meio e fim** – O relatório estatístico deve ser dividido em: introdução, desenvolvimento e conclusão. Diferentemente de obras de ficção, o autor não precisa se preocupar em esconder informações para gerar expectativa nos leitores. Os objetivos do relatório, sua metodologia, os principais resultados encontrados e a estrutura geral do trabalho devem ser apresentados logo na introdução, de modo que interessados em partes específicas possam localizá-las

rapidamente. O atendimento das normas da ABNT a respeito das citações e referências dá informações que ajudam o leitor a encontrar as obras citadas e diferenciar o que é afirmado pelos autores do relatório daquilo que foi enunciado por autores externos.

- **Expor com clareza os resultados** – É comum, ao fim da leitura de um relatório estatístico, os leitores da parte contratante não conseguirem perceber com clareza as respostas às perguntas delimitadas ou terem a impressão de que os resultados estão "em cima do muro". Portanto, é essencial que os consultores discutam e informem os resultados de maneira clara, objetiva e direta. Se os resultados forem ambíguos ou as estimativas estatisticamente não forem significantes, isso deve estar claro nas conclusões do trabalho e, de preferência, acompanhados de outros trabalhos da literatura especializada que corroborem esses resultados.
- **Usar a norma culta da língua** – Um relatório mal-escrito chama mais a atenção por possíveis desvios do que por seu conteúdo, além de transmitir a ideia de desleixo da parte dos consultores. É normal que um relatório escrito a muitas mãos pareça fragmentado durante sua construção, mas a etapa de revisão do trabalho é imprescindível para que o texto seja fluido, ortograficamente correto, coerente e convincente.
- **Compor uma introdução** – A introdução deve ser a primeira seção a ser escrita e a última a ser revisada em um relatório estatístico. Essa medida ajuda a materializar a estrutura que este terá e forçará os consultores a

não fugirem dos objetivos e, se necessário, a revisá-los. Ainda que o trabalho tenha apenas um objetivo geral, é importante quebrá-lo em diversos objetivos específicos de modo que se avalie, ao final do trabalho, se os objetivos foram realmente cumpridos.

No Quadro 6.1, esquematizamos uma possível estrutura para um relatório estatístico final. Alertamos que cada contratante pode ter demandas específicas; logo, nem sempre todas as partes dessa estrutura serão necessárias e, igualmente, novas partes podem ser demandadas. Itens opcionais (não apresentados no quadro) podem ser utilizados como recursos para tornar a leitura mais acessível e compreensível.

**Quadro 6.1** – Estrutura de um relatório estatístico

| Seção | Descrição |
|---|---|
| Introdução | Breve contextualização da organização e dos objetivos da pesquisa (geral e específicos), acrescida de resumo das metodologias a serem utilizadas e os principais resultados encontrados. |
| Análise diagnóstica | Descrição da fase da análise diagnóstica e definição de perguntas, contextualizando o processo de definição de métricas, composição de indicadores e coleta de dados. |
| Revisão de literatura | Exposição dos resultados da pesquisa bibliográfica que irão embasar cientificamente os métodos a serem utilizados e os resultados encontrados. |
| Metodologia e processo de pesquisa | Descrição do processo de coleta de dados, processamento, preparação e organização das bases de dados, acompanhada de apresentação dos métodos utilizados nas análises de dados. |

*(continua)*

*(Quadro 6.1 – conclusão)*

| Seção | Descrição |
|---|---|
| Resultados da pesquisa | Apresentação dos resultados da pesquisa mediante, preferencialmente, a técnica de *storytelling*, explorando recursos visuais. |
| Considerações finais | Reexposição dos objetivos da pesquisa e do modo como eles foram alcançados, para demonstrar como as perguntas definidas foram ou não respondidas. |
| Anexos | Recurso extra para apresentar materiais indicados no texto que não são de autoria dos consultores. |
| Apêndices | Recurso extra para apresentar materiais indicados no texto que são de autoria dos consultores. |

### 6.1.1 *Data storytelling*

Tente se lembrar das histórias clássicas que você ouvia quando era criança, como *Os três porquinhos*, *Chapeuzinho vermelho*, *Pinóquio*. Todos nós, de algum modo, poderíamos compor uma sinopse de algumas dessas histórias, porque ficaram gravadas em nosso subconsciente. O mesmo acontece quando assistimos a um filme empolgante ou lemos algum livro memorável. O que essas obras têm em comum? Sua estrutura.

Knaflic (2018, p. 166) argumenta que "a história é uma estrutura testada e aprovada", porque contém começo, meio e fim claros e envolve sempre uma preparação, um conflito e uma solução. Segundo a autora, essa noção de estrutura narrativa, que remonta aos filósofos gregos Aristóteles e Platão, pode ser utilizada como modelo para a comunicação em geral, com uma estrutura de três atos, quais sejam, preparação, conflito e solução (Knaflic, 2018).

Assim, a narrativa é o centro do *data storytelling*. Existe uma história nos dados e é papel do consultor contá-la de modo instigante. Ainda que a exposição de dados seja um tanto tradicional, transformar seu relatório e sua apresentação dos resultados em uma narrativa interessante é um diferencial no processo da consultoria em estatística.

Profissionais da estatística (estatísticos, economistas, cientistas de dados) são comumente criticados pela falta de empatia durante a comunicação. Dada a sofisticação das metodologias utilizadas e a complexidade dos modelos elaborados, a comunicação dos resultados acaba sendo considerada uma etapa acessória, o que pode comprometer o êxito da consultoria como um todo. Por isso, um relatório visualmente bonito e acessível pode ser um diferencial dos resultados de uma consultoria. Knaflic (2018) apresenta seis lições que podem auxiliar na visualização e na comunicação eficaz com dados:

1. **Entender o contexto** – A comunicação de dados ocorre em um contexto específico para profissionais específicos. Compreender para quem a comunicação se dirige, o que será comunicado e como será comunicado é de extrema importância para o êxito da comunicação. Certas abordagens podem ser acessíveis ou convidativas para certos tipos de profissionais e serem excludentes para outros.

2. **Escolher um visual apropriado** – Sabendo-se o que será mostrado, fica mais fácil fazer escolhas visuais que não comprometam o objetivo final. "Diferentes visões dos dados podem influenciar no que você presta atenção e nas observações que podem ser feitas mais facilmente"

(Knaflic, 2018, p. 186). Um mesmo dado pode ser mostrado, sob diferentes perspectivas, de inúmeras formas.
3. **Eliminar a saturação** – Os gráficos e figuras recomendados pelos *softwares*, principalmente o Excel, nem sempre sugerem as melhores combinações de cores, disposição de títulos e rótulos. Portanto, é possível melhorar essas visualizações alterando os pesos de títulos, removendo bordas e linhas de grade, colocando legendas em segundo plano, removendo variações de cores etc.
4. **Chamar a atenção para aquilo em que o público deve focar** – O uso estratégico das cores pode ajudar a enfatizar aquilo que precisa ser comunicado. Um mesmo gráfico em *slides* diferentes, com pontos de enfoque distintos, pode apontar as **nuances** de uma história. Um mesmo gráfico em *slides* diferentes, com cores e detalhes distintos, pode ajudar a contar a história dos dados, indicando o que precisa ser destacado a cada momento.
5. **Pensar como um *designer*** – Alguns recursos voltados à estética podem auxiliar no processo de comunicação com dados. Textos podem se tornar mais acessíveis e de rápida leitura se apenas a primeira palavra estiver em maiúscula; acrescentar títulos nos eixos pode facilitar a compreensão mais rápida do que está sendo mostrado; elementos alinhados causam maior conforto visual e ajudam a focar no que deve ser focado. Uma apresentação bonita e convidativa, ainda que pareça algo acessório e supérfluo, faz muita diferença na atenção dedicada pelo leitor e comunica esmero na qualidade das entregas finais.

**6. Contar uma história** – Por fim, após a criação das visualizações, é a narrativa que prende o interlocutor. Começar com um *slide* contendo a estrutura da apresentação pode ajudar as pessoas a terem uma noção de começo, meio e fim e do tempo que a apresentação irá tomar. É conveninete pensar que a apresentação é um conjunto de histórias individuais que, juntas, levam a uma conclusão final. As histórias individuais contadas em cada visualização podem ser consideradas subtramas do enredo mais amplo. O objetivo é construir uma narrativa convincente e interessante, com muitos exemplos, em que o elemento mais importante é a clareza dos resultados encontrados, de modo que qualquer espectador possa facilmente resumir os principais pontos de conclusão da consultoria.

### PARA SABER MAIS

KNAFLIC, C. N. **Storytelling com dados**: um guia sobre visualização de dados para profissionais de negócios. Tradução de João Tortello. Rio de Janeiro: Alta Books, 2018.

Esse livro oferece lições importantes de como inovar em apresentações utilizando a técnica do *storytelling* para apresentar dados. A autora fornece diversos exemplos que contextualizam a criação da narrativa. Ela também demonstra como gráficos podem ser melhorados com o uso de ferramentas básicas como o Microsoft Excel.

## 6.2 Formação de um modelo

Consideremos a seguinte questão: O que determina o gasto com consumo das famílias em uma sociedade? Para responder a essa pergunta, poderíamos levantar algumas possibilidades: a renda; o patrimônio; a idade média dos componentes da família; o tamanho médio das famílias; o acesso ao crédito; as expectativas das famílias quanto a sua situação econômica no futuro próximo; a taxa de juros de mercado, as rendas passadas que essa família recebeu etc. Está claro, são inúmeras as hipóteses. Imaginemos, então, estabelecer um modelo para explicar o consumo das famílias (variável dependente) com todas essas variáveis (independentes). Seria um modelo enorme e pouco compreensível, dado o excesso de informações.

De acordo com Feldstein (1982), um modelo deve ser parcimonioso, plausível e informativo. Isso significa que os modelos devem representar bem a realidade, mas, obviamente, não são uma cópia desta nem uma tentativa de copiá-la. De fato, alguns modelos econômicos explicam o consumo das famílias com base em apenas uma variável independente, a saber, a renda.

Kennedy (citado por Gujarati; Porter, 2011, p. 509), apresenta os "dez mandamentos da econometria aplicada", que equivalem aos cuidados a serem tomados na construção de um modelo:

1. Usarás senso comum e a teoria econômica.
2. Deverás fazer as perguntas certas (colocar a relevância à frente da elegância matemática).
3. Conhecerás o contexto (não realizarás análise estatística sem conhecimento).

4. Examinarás os dados.
5. Não adorarás a complexidade. Usarás o princípio KISS, isto é, manterás tudo estocasticamente simples (do inglês, *keep it stochastically simple*).
6. Examinarás demoradamente e com rigor os resultados.
7. Estarás atento aos custos de *data mining*.
8. Estarás disposto a conciliar (não venerarás as prescrições dos manuais).
9. Não confundirás significância com substância (não confundirás significância estatística com significância prática).
10. Na presença de questões delicadas, farás tua confissão (deverás antecipar-se às críticas).

Com um sutil senso de humor, os "dez mandamentos da econometria aplicada" são medidas importantes na construção de modelos estatísticos, muito difundida com a ascensão da ciência de dados em diversos contextos.

Muitos pesquisadores se perdem na complexidade de seus modelos e acabam utilizando uma ferramenta sofisticada demais para responder a questões simples. O contrário também acontece: muitos pesquisadores atribuem causalidade a seus modelos quando as metodologias utilizadas são capazes somente de estimar correlações e associações.

Um modelo deve ser sempre um recurso complementar em uma análise, baseado no conhecimento teórico do pesquisador e em um cuidado especial ao que Guajarati e Porter (2011) chamam de *garimpagem de dados*, ou *data mining*.

*Data mining* é o processo de construir um modelo de baixo para cima, começando com um modelo menor e ir adicionando variáveis de acordo com as significâncias estatísticas resultantes em cada etapa. Críticos ao *data mining* argumentam que um modelo deve ser construído a partir de tão somente uma hipótese; esta tem de ser testada, sendo confirmada ou não com critérios claros de significância. Gujarati e Porter (2011, p. 474) advertem que, no entanto, "na prática a maioria dos pesquisadores relata apenas os resultados de sua regressão 'final' sem revelar necessariamente todo o *data mining*, ou o pré-teste, que foi feito".

Para Zaman (1996), a crítica ao *data mining* não se sustenta, pois, em sua análise, não existe um modelo único resultado de uma teoria, e compreender o processo de adaptação dos dados a diferentes modelos é um aspecto importante da aprendizagem de dados. Para Kennedy (citado por Gujarati; Porter, 2011, p. 475), essa especificação de modelo "precisa ser uma combinação bem ponderada de teoria e dados, e esses procedimentos de teste usados na busca de especificação deveriam ser definidos para minimizar os custos de *data mining*".

IMPORTANTE!

Um modelo é uma representação simplificada da realidade a partir de um conjunto de técnicas utilizadas para estimar o relacionamento entre variáveis independentes e uma variável dependente. Seu objetivo é descrever os determinantes mais importantes de uma variável dependente, permitindo

> analisar correlações, associações e relações de causa e efeito. Com a estimação desses relacionamentos, um modelo pode, também, ser utilizado para fazer previsões.

Um modelo tem como insumo uma amostra de dados. Assim, está fadado a certo grau de incerteza e, por isso, deve satisfazer aos pressupostos das metodologias empregadas para ser considerado válido. Modelos que utilizam, por exemplo, o método dos mínimos quadrados ordinários (modelos de regressão linear) partem de pressupostos importantes, como a normalidade e a independência dos dados; modelos que adotam dados de séries temporais (modelos autorregressivos integrados de médias móveis – Arima) partem do pressuposto de que os dados utilizados são estacionários (com média e variância constantes) etc.

A construção dos modelos estatísticos se consolida, portanto, em seis etapas:

1. **Estabelecimento de hipóteses** – Comumente baseadas em alguma teoria ou suposição de causalidade entre duas ou mais variáveis, as hipóteses estabelecidas pelo pesquisador são testadas com o intuito de se responder a uma pergunta de pesquisa.
2. **Especificação do modelo** – Etapa em que a forma funcional que exprime o relacionamento entre as variáveis independentes e a variável dependente é especificada. Caso o modelo não seja especificado corretamente, pode gerar um viés de especificação. De acordo com Hendry e Richard (1983), o modelo escolhido deve ser confirmado pelos dados; ser consistente com a teoria; ter

regressores exógenos e parâmetros constantes; mostrar consistência de dados; e ser abrangente o bastante para incluir a explicação dos resultados de outros modelos. Problemas de especificação, segundo Gujarati e Porter (2011) podem incluir a omissão de uma variável relevante para o modelo ou a inclusão de uma variável irrelevante para este, uma forma funcional errada e/ou vieses de erros de medidas.

3. **Obtenção dos dados** – A estimação dos coeficientes do modelo é feita a partir dos dados. Portanto, a coleta das informações que irão representar as variáveis do modelo especificado é uma das etapas mais importantes, uma vez que influenciarão diretamente sua qualidade.

4. **Estimação dos parâmetros do modelo** – Existem diversas metodologias para estimar os parâmetros de um modelo. A abordagem de análise de regressão pelo método dos mínimos quadrados ordinários é uma das mais utilizadas, mas não é a única, podendo existir modelos estimados por métodos de aproximação da verossimilhança, integração numérica etc.

5. **Teste de hipóteses** – Como os modelos estimados são aproximações, o estabelecimento de critérios para testar sua validade perante modelos teóricos se faz necessário. Em outras palavras, é nessa etapa que são verificadas as significâncias estatísticas das estimativas obtidas.

6. **Projeções e formulação de políticas** – Se as hipóteses do modelo forem validadas, este poderá ser utilizado para prever valores futuros, formular políticas e prover tomadas de decisão.

## 6.3 Apresentação das informações do banco de dados

Mesmo com o relatório estatístico finalizado, o processo de consultoria ainda não está concluído. Outros produtos entregues pelos consultores aos contratantes de maneira organizada e acessível são as bases de dados, os questionários e os *scripts*. Os resultados alcançados e reportados no relatório estatístico devem ser passíveis de reprodução e revisão; portanto, algumas ações devem ser tomadas para tanto:

- **Elaborar dicionários para cada base de dados utilizada** – O processo de consultoria pode gerar diversas bases de dados ou uma base de dados contendo todas as demais utilizadas na pesquisa. Esta conterá diversas variáveis, com nomes nem sempre interpretáveis e codificações nem sempre compreensíveis. Por essa razão, um importante documento que deve acompanhar as bases de dados é o dicionário das variáveis, contendo o nome das variáveis, sua descrição e a codificação utilizada. Por exemplo, uma variável *gênero* pode ser igual a 1 para *masculino* e 2 para *feminino*.
- **Enumerar bases de dados, dicionários, questionários, *scripts*, de maneira cronológica** – É comum coexistirem diversos *scripts*, elaborados por pesquisadores diferentes com estilos distintos. Por isso, estes devem ser padronizados e conter registros do que é feito em cada etapa do trabalho. Enumerar todos os documentos de maneira cronológica torna a implementação da metodologia reprodutível. Por exemplo, o primeiro *script* pode

conter o processamento dos dados brutos; o segundo, as estatísticas descritivas e a análise exploratória; o terceiro, a análise classificatória, e assim por diante.

- **Disponibilizar os documentos em nuvem** – A quantidade e o peso dos arquivos em *megabytes* podem ser muito variáveis, razão por que o envio por *e-mail* pode não ser eficiente. Ao disponibilizar os arquivos em nuvem, deve-se estabelecer um prazo para que o contratante faça o salvamento das informações e mantenha um *backup* para consultas, modificações e consultorias adicionais futuras.

- **Elaborar a documentação de forma detalhada** – O processo de consultoria, coleta e análise de dados é complexo, cheio de detalhes e escolhas metodológicas. Por esse motivo, tudo tem de ser documentado de forma clara e passível de revisão. Além da possibilidade de consultoria e revisão por parte dos contratantes, consultorias futuras podem ser facilitadas com a reutilização de questionários e *scripts*. Na observação às normas da Lei Geral de Proteção de Dados (LGPD), esses documentos devem ser genéricos e não podem citar dados das empresas, especialmente os mais sensíveis, como nomes, endereços e valores.

## 6.4 Apresentação dos resultados

A apresentação dos resultados é a última etapa de um processo de consultoria em estatística e é derivada do relatório estatístico e do *data storytelling* utilizado em sua elaboração. Na realidade, esses dois processos devem ser pensados juntos, uma vez que o documento escrito deve ser o principal suporte do que está sendo apresentado. Ainda assim, vale tomar certos cuidados no momento da apresentação dos resultados, conforme especificamos a seguir:

- **Utilizar gráficos em vez de texto, mas com critério** – Gráficos de *pizza* ou de barra são universalmente conhecidos e facilmente interpretáveis; portanto, podem ser utilizados na maioria dos casos. Contudo, existem gráficos mais interessantes, os quais podem enfatizar os resultados encontrados. A utilização da paleta de cores correta também pode auxiliar na interpretação de um dado otimista ou pessimista ou salientar aquilo que precisa ser focado. É preciso tomar cuidado com os efeitos em perspectiva, principalmente se o que deve ser mostrado é proporção. Não se deve utilizar gráficos de *pizza* em 3D.
- **Simplificar, pois menos é mais** – Imagens muito carregadas ou coloridas podem causar confusão sobre o que está sendo mostrado ou retirar o foco do que está sendo apresentado. Textos longos devem ser evitados em apresentações. Concém adotar a estrutura dividida em introdução, desenvolvimento e conclusão.
- **Enfatizar o que é realmente importante e deixar os detalhes para as perguntas** – O excesso de informações pode comunicar desorganização, uma vez que o tempo de qualquer apresentação é limitado. Nesse sentido, é altamente recomendável ser crítico ao eleger o que é

mais importante e se preparar para ter as respostas para quaisquer questionamentos.

- **Utilizar muitos exemplos** – No trabalho com dados estatísticos, um bom exemplo é capaz de dar materialidade a explicações mais abstratas. Elaborar metáforas, comparações e imagens que ajudem a comunicar o que os dados revelam é muito favorável. O consultor tem de se orientar pela ideia de que sua audiência desconhece os detalhes técnicos; isso o estimulará a compor uma apresentação acessível e interessante para o maior número de pessoas possível.
- **Demonstrar preocupação com valores como pontualidade, formalidade e aparência** – Quando o consultor tem condutas que mostram que ele se esmera em ser pontual, em usar uma linguagem formal e respeitosa, sem afetações, e tem asseio em seu modo de vestir e preparar documentos, a audiência tende a ficar mais disposta a ouvir o que o profissional tem a dizer.
- **Usar da criatividade e de ferramentas digitais** – Existem diversas ferramentas que ajudam a construir uma apresentação bonita, interessante e informativa. Ferramentas como Power BI, Tableau e pacotes como o Matplotlib da linguagem de programação Python disponibilizam opções visuais que podem contribuir para uma comunicação mais efetiva na apresentação dos seus dados. Com a existência de tantas ferramentas digitais e o surgimento de muitas novas, é difícil eleger quais deveriam ser usadas em uma apresentação de dados

estatísticos. Tudo vai depender do estilo, do tipo de organização que contratou a consultoria e dos resultados encontrados.

## Estudo de caso

Retomando o exemplo do estudo de caso apresentado no Capítulo 5, o consultor constrói o relatório estatístico da consultoria prestada em conformidade com a norma culta da língua portuguesa, com as normas da ABNT e respeitando a seguinte estrutura: introdução, diagnóstico, revisão de literatura, metodologia e processo de pesquisa, considerações finais, anexos e apêndices.

Nos capítulos de introdução e diagnóstico, o consultor contextualiza e reforça a temática, o escopo, os objetivos e as hipóteses esperadas para a consultoria. Na revisão de literatura, descreve as abordagens mais utilizadas e os resultados obtidos em estudos científicos semelhantes à proposta de pesquisa da consultoria que está prestando. Em metodologia e processo de pesquisa, detalha o passo a passo que trilhou desde o início da consultoria até a obtenção dos resultados, cita as características dos dados que utilizou em sua análise principal e, por fim, descreve a metodologia utilizada na obtenção dos resultados.

Nessa descrição de metodologia, o consultor utiliza uma linguagem clara e didática, com a prudência de assumir que o leitor final talvez não entenda bem ou não compreenda os detalhes sobre o método utilizado. Sendo assim, o consultor descreve teoricamente o modelo Arima, as transformações aplicadas e a periodicidade utilizada nos dados e apresenta as especificações finais do modelo construído.

Por organização e conveniência, ele divide a seção de resultados em: análise exploratória e análise preditiva de dados. No âmbito da análise exploratória, o consultor descreve o modelo Arima utilizado, apresenta e comenta a significância estatística dos coeficientes estimados, o grau de ajustamento do modelo, bem como provê uma explicação lógica para a equação estimada no modelo. Já no âmbito da análise preditiva, esclarece como utilizou o modelo construído sob a análise exploratória a fim de estimar o valor das vendas de automóveis da concessionária para os próximos cinco anos. Além disso, inclui uma representação visual do ajustamento observado do modelo e o ajustamento previsto, demonstrando as implicações práticas do intervalo de confiança das estimativas feitas.

Ao fim do relatório estatístico, na seção de considerações finais, recapitula a consultoria prestada, especifica as perguntas respondidas e explica como foram respondidas pelos resultados dos modelos utilizados. Ainda, regista limitações e aspectos pouco ou não explorados e seus motivos, bem como as conclusões e propostas sugeridas com base em sua perspectiva independente.

Nas seções de anexos e apêndices, apresenta os detalhes metodológicos omitidos do texto, de autoria alheia e de sua autoria, respectivamente.

Finalmente, ele faz uma apresentação final de toda a consultoria aos gestores da concessionária. Por meio da técnica de *storytelling*, discorre, de maneira cativante, sobre todo o processo de desenvolvimento da consultoria, abrangendo sua concepção, pesquisa bibliográfica, metodologia, obtenção de resultados e conclusões.

Então, o profissional disponibiliza a versão completa (física e digital) do relatório estatístico, além das bases de dados consolidadas após o término da consultoria e os *scripts* utilizados.

## O QUE É

- **Metodologia** – Estudo e aplicação de métodos (principalmente científicos) em estudos, relatórios, pesquisas e outros materiais.
- **Modelo** – Estrutura lógica composta de equações, parâmetros, variáveis e outros elementos estatísticos e matemáticos que representam a realidade de maneira objetiva, plausível, parcimoniosa e informativa (Feldstein, 1982).
- **Kiss (Keep It Stochastically Simple)** – Princípio ou filosofia segundo a qual os modelos devem prezar pela simplicidade e objetividade para favorecer a compreensão e a praticidade.
- **Significância estatística** – Propriedade estatística de uma estimativa, atendida quando é considerada estatisticamente diferente de zero, mediante verificação por meio de diversos testes estatísticos e diferentes níveis de precisão (Gujarati; Porter, 2011).
- ***Data mining*** – Também conhecida como *regressão de pesca*, *escavação de dados*, *espreita de dados* ou

*trituração de dados.* Processo de construção de um modelo em uma abordagem *bottom-up* (de baixo para cima), começando com um modelo menor que é expandido progressivamente (Gujarati; Porter, 2011).

- **Modelo Arima** – Conhecido pela metodologia da sua elaboração, denominada *metodologia Box-Jenkins*. Modelo que combina processos autorregressivos, de integração e de médias móveis (Gujarati; Porter, 2011).

## SÍNTESE

Neste capítulo, pormenorizamos o processo de elaboração e apresentação do produto final de uma consultoria, o relatório estatístico, o qual deve: seguir uma estrutura detalhada, com começo, meio e fim; observar a norma culta da língua portuguesa; apresentar os resultados obtidos com clareza; estar padronizado de acordo com as normas técnicas da ABNT. Esse documento pode conter elementos adicionais como glossário, lista de tabelas, lista de gráficos, lista de figuras, lista de quadros etc.

Espera-se que um relatório estatístico, em sua estrutura-padrão, contenha elementos como introdução, análise diagnóstica, metodologia e processo de pesquisa, resultados, considerações finais, anexos e apêndices. Seguindo essa estrutura, o consultor deve apresentar em seu relatório estatístico a contextualização e os objetivos da consultoria e um resumo das metodologias e resultados da pesquisa (introdução); descrição do diagnóstico, perguntas-orientadoras, indicadores e coleta de dados (análise diagnóstica);

fundamentação teórica e prática com base em bibliografias científicas (revisão de literatura); descrição da metodologia e o processo total de obtenção de dados (metodologia e processo de pesquisa); apresentação de resultados utilizando-se, preferencialmente, da abordagem *data storytelling* (resultados); balanço de perguntas e respostas e conclusões da pesquisa (considerações finais); e, por fim, listagem de conteúdos de terceiros e autorais (anexos e apêndice, respectivamente).

Quanto à apresentação, que compõe o produto final de uma consultoria, o consultor deve oferecer uma narrativa empolgante, sucinta e convincente sobre todos os aspectos da consultoria prestada. Por isso, é indispensável compreender o contexto da apresentação, utilizar elementos visuais apropriados, ser objetivo, prover exemplos, observar a pontualidade e a formalidade, usar a criatividade, evitar elementos visuais que causem desconforto ou distração e viabilizar uma estrutura cronológica dos eventos ocorridos.

Um modelo em consultoria estatística é uma representação objetiva, coerente e fiel da realidade sobre um fenômeno ou tema. Por esse motivo, em sua construção, o consultor deve levantar hipóteses e, após a especificação do modelo e a obtenção de dados, realizar a estimação dos parâmetros a serem adotados. O modelo é colocado à prova mediante testes de hipótese e, se aprovado, pode ser utilizado em projeções ou formulação de políticas.

Finalmente, discutimos os cuidados que o consultor estatístico deve observar ao apresentar as informações do banco de dados da consultoria prestada, como: definir dicionários ou legendas para as variáveis de dados utilizados; enumerar as bases de dados, dicionários, questionários e *scripts* em ordem cronológica; disponibilizar arquivos via nuvem e manter *backups* regulares; e, por fim, elaborar os materiais com riqueza de detalhes e observação às normas legais.

## Exercícios resolvidos

1) (Cespe/FUB/Estatístico – 2013) Julgue os itens que se seguem a respeito de propriedades de estimadores.

    Um estimador somente será consistente se também for não viciado.

    ( ) Certo
    ( ) Errado

    **Gabarito**: Errado

    **Comentário**: Em modelos estatísticos ou econométricos, um estimador atende a propriedade de consistência quando a proximidade de seu valor estimado para com o valor do coeficiente verdadeiro ou populacional é proporcional ao tamanho da amostra, ou seja, quando seu valor estimado se aproxima do valor verdadeiro da população à medida que o tamanho da amostra aumenta. A propriedade de não enviesamento ou não viciamento trata de outra condição, e não necessariamente é atendida em conjunto com a propriedade consistência (Gujarati; Porter, 2011).

2) (Cespe/ANTT/Especialista em regulação de serviços de transporte terrestres – 2013) Acerca das propriedades dos estimadores de MQO em regressão linear simples, julgue o item subsequente.

Se o estimador de MQO for não viesado e consistente, então ele será, necessariamente, eficiente.

( ) Certo
( ) Errado

**Gabarito**: Errado

**Comentário**: Em um modelo de regressão linear, as propriedades de um melhor estimador linear não viesado (MELNV) não são interdependentes, ou seja, um estimador pode atender algumas e não atender outras. Logo, a propriedade da eficiência de um estimador não depende das propriedades de não enviesamento e consistência; ela é atendida quando um estimador tem a menor variância entre outros estimadores, independentemente do tamanho da amostra utilizada (Gujarati; Porter, 2011).

3) (Cespe/Polícia Federal/Escrivão – 2021) No que se refere aos conceitos de dados estruturados e não estruturados, julgue o próximo item.

Os dados estruturados diferenciam-se dos dados não estruturados pela rigidez em seu formato e pelo fato de poderem ser armazenados em campos de tabelas de um banco de dados relacional.

( ) Certo
( ) Errado

**Gabarito**: Certo

**Comentário**: Dados estruturados são aqueles dispostos de uma maneira organizada, com parâmetros claros, bem definidos e com representações rígidas que permitem a disposição ou exibição em campos (linhas e colunas), os quais podem, portanto, facilmente ser armazenados em campos de uma tabela de banco de dados ou *software* estatístico.

4) (Cespe/Polícia Federal/Agente – 2018) Julgue o item que segue, relativo a noções de mineração de dados, *big data* e aprendizado de máquina.

*Big data* refere-se a uma nova geração de tecnologias e arquiteturas projetadas para processar volumes muito grandes e com grande variedade de dados, permitindo alta velocidade de captura, descoberta e análise.

( ) Certo
( ) Errado

**Gabarito**: Certo

**Comentário**: O *big data* ou suas ferramentas envolvem tecnologia e arquitetura projetadas para lidar com dados vastos e variados, atendendo às propriedades dos 5 Vs: variedade, veracidade, volume, valor e velocidade.

5) (CESPE/MEC/Administrador de dados – 2011) Julgue o item subsequente, a respeito de *datawarehouse* e *business intelligence* (BI).

   *BI* é o processo de coleta, transformação, análise e distribuição de dados, coletados em informações estratégicas, para tomada de decisões nas empresas, incorporando o conceito de gerenciamento de dados e permitindo extrair dados arquivados em vários sistemas, identificá-los, definir padrões, detectar tendências e fazer previsões.

   ( ) Certo
   ( ) Errado

   **Gabarito**: Certo

   **Comentário**: A inteligência de negócios compreende o uso de ferramentas de gerenciamento de dados, visualização de dados, estatísticas descritivas, entre outros artifícios e técnicas para extrair conhecimento de dados essenciais à atividade de uma organização e subsidiar o processo de tomada de decisão feita por ela.

## Questões para revisão

1) Por que o consultor deve elaborar e manter documentos que traduzam os dados utilizados em sua análise?

2) Qual é a importância do estabelecimento de hipóteses para a condução de uma análise de dados?

3) (Cespe/Funpresp-EXE/Analista – 2016) A respeito dos processos de comunicação, descentralização e delegação concernentes à liderança administrativa, julgue o item seguinte.

Um líder que se comunica de maneira clara e fluente garante a eficácia da comunicação com os receptores da mensagem, ainda que eles não a compreendam.

( ) Certo
( ) Errado

4) (Cespe/TCE-PA/Auditor de controle externo – 2016) Com relação a liderança, motivação e comunicação, julgue o item seguinte.

Excesso de mensagens, linguagem inadequada utilizada pelo emissor, desatenção e falta de preparo do receptor são exemplos de ruídos e interferências na comunicação, que podem comprometer a interpretação adequada de uma mensagem pelo seu receptor.

( ) Certo
( ) Errado

5) (Cespe/CPRM/Analista – 2013) Julgue os itens seguintes a respeito de funções administrativas.

No processo de comunicação, os problemas mais comuns com o receptor são a falta de disposição para ouvir, desatenção e reação apressada às mensagens.

( ) Certo
( ) Errado

## Questões para reflexão

1) Como você pode utilizar a técnica de *storytelling* para contar/apresentar, de forma interessante e inspiradora, a história de um trabalho que você ou outra pessoa desenvolveu?

2) Como você pode utilizar a técnica de *storytelling* para fazer uma apresentação para um público-alvo semelhante ao de sua área de atuação? O que você acharia interessante?

3) Como você pode aplicar o princípio Kiss (*Keep It Stochastically Simple*, em português, mantenha tudo estocasticamente simples) a um modelo, uma pesquisa ou outro produto desenvolvido por você?

4) Como você pode formular políticas ou propor decisões a partir de resultados obtidos em uma consultoria ou pesquisa?

5) Quais habilidades você reconhece em si mesmo para redigir um documento completo e profundo como o relatório estatístico e para ministrar uma apresentação final de consultoria com excelência?

# Considerações finais

Um consultor se torna melhor quanto mais experiência adquire em determinada área, para além de sua formação acadêmica e grau de titulação. Isso porque um consultor estatístico lida com tantos contextos, tipos diferentes de entes contratantes, objetos, perguntas-problema e metodologias que, com o passar do tempo, a mentalidade de "resolvedor de problemas" tende a prepará-lo para discernir e ranquear as melhores formas de resolver um problema com cada vez mais celeridade e eficiência. Dadas as infinitas dimensões que um processo de consultoria pode ter, fica claro que não há uma só metodologia a ser seguida, nem mesmo haverá inequivocamente uma resposta clara. Entretanto, a experiência o deixará cada vez mais perto da "metodologia perfeita".

Somente um acompanhamento sistemático pode garantir que o processo de aprendizado de um consultor seja sempre positivamente cumulativo. Para tanto, uma consultoria estatística deve ter como cerne a noção de planejamento, para que seja possível identificar o problema, definir o escopo, delimitar prazos, remuneração e os produtos que poderão ser entregues, de maneira adequada, eficiente e com a menor quantidade de ruídos de comunicação.

O êxito de um consultor é diretamente proporcional à utilidade de seu trabalho ante os objetivos do ente contratante. Um trabalho útil, vale registrar, é aquele que pode ser compreendido pelas pessoas. Portanto, comunicar, seja de forma falada, escrita, implícita ou explícita, é o fundamento do êxito. Habilidades como imparcialidade, autocrítica, automotivação, criatividade, para além das competências técnicas, fazem de um processo de consultoria um ponto de inflexão para a organização que se dispõe a realizá-lo. E é assim que deve ser; afinal, uma consultoria é contratada quando há um problema a ser resolvido. Quando trabalha com seriedade, ética e compromisso, um consultor realiza um bom serviço não só para o ente contratante, mas também para si mesmo, pois essas qualidades são, com frequência, relegadas ao segundo plano por diversos profissionais, tornando-se um diferencial de mercado para quem as detém.

As possibilidades metodológicas em avaliações qualitativas e quantitativas ou em avaliações de impacto estão sempre em desenvolvimento, especialmente em uma era em que a ciência de dados tem se tornado uma das áreas mais valorizadas, e o acesso aos dados, cada vez mais fácil de viabilizar. Com auxílio da estatística e de recursos tecnológicos como a inteligência artificial, o manejo de bases de dados com bilhões de observações se tornou, não só possível, mas também prático, valorizando o profissional que domina essas ferramentas, e mais ainda aqueles que conseguem extrair e comunicar *insights* compreensíveis para leigos no assunto.

Portanto, um consultor estatístico tem o papel muito importante de conectar ciência e mercado, gerar valor e fazer a ponte entre as metodologias avançadas e a tomada de decisão no dia a dia das empresas e organizações. Sempre que conclui com sucesso um processo de consultoria, o consultor está contribuindo diretamente para o desenvolvimento econômico, para a compreensão da realidade, além de permitir que as empresas e diversas organizações se tornem mais eficientes no cumprimento de seu objetivo.

# Referências

BARBETTA, P. A. **Estatística aplicada às ciências sociais**. 8. ed. Florianópolis: Ed. da UFSC, 2012.

BLOCK, P. **Consultoria**: o desafio da liberdade. Tradução de Andréa Filatro. São Paulo: Makron Books, 2001.

CHIAVENATO, I. **Administração nos novos tempos**. 2. ed. São Paulo: Elsevier, 2004.

COX, M. G. et al. Use of Monte Carlo Simulation for Uncertainty Evaluation in Metrology. In: CIARLINI, P. et al. (Ed.). **Advanced Mathematical & Computational Tools in Metrology V**. Singapore: World Scientific Publishing, 2001. (Series on Advances in Mathematics for Applied Sciences, v. 57). p. 93-105.

DANCEY, C. P.; REIDY, J. **Estatística sem matemática para psicologia**: usando SPSS para Windows. Tradução de Lorí Viali. 3. ed. Porto Alegre: Artmed, 2006.

DONATELLI, G. D.; KONRATH, A. C. Simulação de Monte Carlo na avaliação de incertezas de medição. **Revista de Ciência & Tecnologia**, v. 13, n. 25/26, p. 5-15, 2005. Disponível em: <https://repositorio.furg.br/bitstream/handle/1/3200/Simula%E7%E3o%20de%20monte%20carlo%20na%20avalia%E7%E3o%20de%20incertezas%20de%20medi%E7%E3o.pdf?sequence=1>. Acesso em: 24 fev. 2023.

ELTZ, F.; VEIT, M. **Consultoria interna**: use a rede de inteligência que existe em sua empresa. Salvador: Casa da Qualidade, 1999.

EMPATIA. In: Dicio – Dicionário online de português. Disponível em: <https://www.dicio.com.br/empatia/>. Acesso em: 17 fev. 2023.

FELDSTEIN, M. Inflation, Tax Rules and Investment: Some Econometric Evidence. **Econometrica**, v. 50, n. 4, p. 825-862, Jul. 1982.

FERREIRA, E. de O. **Desenvolvimento de sistema de indicadores de avaliação da infraestrutura rodoviária no contexto do desenvolvimento regional**. 175 f. Dissertação (Mestrado em Transportes) – Universidade de Brasília, Brasília, 2006. Disponível em: <https://repositorio.unb.br/handle/10482/3604?locale=fr>. Acesso em: 2 mar. 2023.

GIL, A. C. **Como elaborar projetos de pesquisa**. 4. ed. São Paulo: Atlas, 2002.

GUJARATI, D. N.; PORTER, D. C. **Econometria básica**. Tradução de Denise Durante, Mônica Rosemberg e Maria Lúcia G. L. Rosa. 5. ed. Nova York: McGraw-Hill, 2011.

HENDRY, D. F.; RICHARD, J.-F. The Econometric Analysis of Economic Time Series. **International Statistical Review**, v. 51, n. 2, p. 111-148, Aug. 1983.

HUFF, D. **Como mentir com estatísticas**. Tradução de Bruno Casotti. Rio de Janeiro: Intrínseca, 2019.

IANNINI, P. P. **Consultor e cliente**: uma parceria para o desenvolvimento organizacional. Niterói: Eduff, 1996.

IBCO – Instituto Brasileiro dos Consultores de Organização. **Estatuto Novo (2017) e Código de Ética do IBCO**. 2017. Disponível em: <http://ibco.org.br/estatuto-e-codigo-de-etica-ibco/#:~:text=O%20INSTITUTO%20BRASILEIRO%20DOS%20CONSULTORES%20DE%20ORGANIZA%C3%87%C3%83O%20%E2%80%93%20IBCO%20%C3%A9%-20constitu%C3%ADdo,4%C2%BA%2C%20item%20II>. Acesso em: 2 mar. 2023.

KENETT, R.; THYREGOD, P. Aspects of Statistical Consulting Not Taught by Academia. **Statistica Neerlandica**, v. 60, n. 3, p. 396–411, Jul. 2006. Disponível em: <https://statmodeling.stat.columbia.edu/wp-content/uploads/2017/08/Kenett-Thyregod-Statistica-Neerlandica-2006.pdf>. Acesso em: 17 fev. 2023.

KNAFLIC, C. N. **Storytelling com dados**: um guia sobre visualização de dados para profissionais de negócios. Tradução de João Tortello. Rio de Janeiro: Alta Books, 2018.

LINS, B. F. E. Ferramentas básicas da qualidade. **Ciência da Informação**, Brasília, v. 22, n. 2, p. 153-161, maio/ago. 1993. Disponível em: <https://revista.ibict.br/ciinf/article/view/502/502>. Acesso em: 21 fev. 2023.

MATOS, D. A. S.; RODRIGUES, E. C. **Análise fatorial**. Brasília: Enap, 2019.

MATOS, M. C. Assessoria, consultoria, auditoria e supervisão técnica. In: CFESS – Conselho Federal de Serviço Social; ABEPSS – Associação Brasileira de Ensino e Pesquisa em Serviço SocialABEPSS. **Serviço Social**: direitos sociais e competências profissionais. Brasília, 2009. Disponível em: <https://www.cressrn.org.br/files/arquivos/ZK2736DP7w8MI96Qb63f.pdf>. Acesso em: 28 abr. 2023.

MINAYO, M. C. de S. Importância da avaliação qualitativa combinada com outras modalidades de avaliação. **Saúde & Transformação Social**, Florianópolis, v. 1, n. 3, p. 2-11, 2011. Disponível em: <https://incubadora.periodicos.ufsc.br/index.php/saudeetransformacao/article/view/652/844>. Acesso em: 17 fev. 2023.

OLIVEIRA, D. P. R. **Manual de consultoria empresarial**: conceitos, metodologia, práticas. 13. ed. São Paulo: Atlas, 2015.

ORLICKAS, E. **Consultoria interna de recursos humanos**: pesquisa e benchmarking em empresas de ponta. São Paulo: Futura, 2001.

PMI – Project Management Institute. **Um guia em gerenciamento de projetos (guia PMBOK)**. 5. ed. Newtown Square, Pennsylvania: PMI Publications, 2013.

PRODANOV, C. C.; FREITAS, E. C. **Metodologia do trabalho científico**: métodos e técnicas da pesquisa e do trabalho acadêmico. 2. ed. Novo Hamburgo: Feevale, 2013. [E-book]. Disponível em: <https://www.feevale.br/Comum/midias/0163c988-1f5d-496f-b118-a6e009a7a2f9/E-book%20Metodologia%20do%20Trabalho%20Cientifico.pdf>. Acesso em: 23 fev. 2023.

RIES, E. **The Lean Startup**: How Today's Entrepreneurs Use Continuous Innovation to Create Radically Successful Businesses. New York: Crown Business, 2011.

SANTOS, P. R. A. R. et al. Aplicação do método de gravidade, urgência e tendência (GUT) no levantamento de manifestações patológicas: estudo de caso no edifício Duque de Caxias. In: CONGRESO LATINOAMERICANO DE PATOLOGÍA DE LA CONSTRUCCIÓN, 16.; CONGRESO DE CONTROL DE CALIDAD EN LA CONSTRUCCIÓN, 18., 2021. Disponível em: <https://doi.editoracubo.com.br/10.4322/conpat2021.555>. Acesso em: 21 fev. 2023.

SANTOS, R. J. da S. **Seleção de indicadores da qualidade do transporte público urbano de passageiros por ônibus**. 258 f. Dissertação (Mestrado em Ciências em Engenharia de Transportes) – Instituto Militar de Engenharia, Rio de Janeiro, 2004. Disponível em: <https://transportes.ime.eb.br/DISSERTA%C3%87%C3%95ES/DIS198.pdf>. Acesso em: 23 fev. 2023.

SARTORIS, A. **Estatística e introdução à econometria**. São Paulo: Saraiva, 2003.

SOUSA, H. P.; LEITE, J. C. S. **Modeling Organizational Alignment**. Rio de Janeiro: Ed. da PUC-Rio, 2011.

URBINA, S. **Fundamentos da testagem psicológica**. Tradução de Cláudia Dornelles. Porto Alegre: Artmed, 2007.

ZAMAN, A. **Statistical Foundations for Econometric Techniques**. Nova York: Academic Press, 1996.

# Respostas

---

## CAPÍTULO 1

Questões para revisão

**1)** A prospecção passiva, pois é menos onerosa no que respeita a recursos e esforços para o consultor, uma vez que é feita voluntariamente por antigos ou atuais clientes que recomendam seu trabalho para potenciais clientes, transmitindo maior confiança em seus serviços.

**2)** A experiência e a especialidade do consultor. A primeira transmite confiança e segurança de que o consultor tem domínio suficiente para prestar um bom serviço; a segunda comunica a ideia de competência específica e mais aprofundada do que a de outros agentes.

**3)** Certo. De acordo com Chiavenato (2004), o agente de mudança pode ser oriundo de fora ou de dentro da organização e é ele quem orienta o processo de mudança em um contexto organizacional. Portanto, o consultor pode ser o agente de mudanças por meio de suas propostas de intervenção, ainda que não tenha poder de implementá-las.

**4)** Errado. Ambos os profissionais são contratados justamente por suas credenciais, suas capacidades individuais e suas percepções independentes. Entretanto, o consultor oferece direcionamentos por meio de sua análise, ao passo que o assessor oferece apoio ou assessoramento ao contratante na condução de processos (Matos, 2009).

**5)** Errado. As mudanças em um ambiente organizacional não precisam ser propostas apenas por agentes externos à organização, podendo ser expressas também por agentes internos, os quais podem, até mesmo, implementá-las diretamente (Chiavenato, 2004).

## CAPÍTULO 2

Questões para revisão

1) Trata-se de uma consultoria para mensuração de indicadores quantitativos, cujo principal produto seria uma matriz de resultados com todos os indicadores construídos ao longo da consultoria.

2) A consultoria artesanal, pois tem sua elaboração e condução planejadas desde sua concepção com base nas preferências e necessidades específicas da empresa-cliente. Já a consultoria de pacote tem caráter amplo, predefinido e não leva em conta os detalhes da realidade específica do contratante.

3) b
Comentário:

 I. Errada. Assim como em um projeto, em uma consultoria não se deve negligenciar o levantamento de riscos. Um bom profissional de consultoria é aquele que, no planejamento e na condução de seus trabalhos, antecipa-se aos imprevistos, encontrando alternativas para alcançar o objetivo da consultoria com qualidade.

 II. Correta. A consultoria, entendida como uma espécie de projeto, precisa ter um ciclo de vida bem definido, com início, meio e fim. Em seu decorrer, o consultor pode e deve fazer atualizações no escopo de sua atuação. Encerrado o prazo acordado e alcançados os objetivos determinados, fica o consultor disponível para possíveis trabalhos.

 III. Correta. A frase corresponde à definição exata do escopo do projeto utilizado pelo PMBOK versão 5 (PMI, 2013).

 IV. Errada. É importante que o consultor, como um gerente de projetos, leve em consideração, além das ações ou alternativas para contornar riscos que podem se consumar e afetar o andamento dos trabalhos de consultoria, a probabilidade de ocorrência de tais riscos. Assim, o consultor pode fazer planos de contingência para cada risco de acordo com suas chances de ocorrência, utilizando ferramentas como a matriz GUT.

4) Errado. O controle de escopo de uma consultoria não é definitivo, pois há a necessidade de se fazer alterações no decorrer da condução dos trabalhos de consultoria. De acordo com o Guia do Conhecimento em Gerenciamento de

Projetos (Guia PMBOK), "a mudança é inevitável, assim sendo, algum tipo de processo de controle de mudança é obrigatório para todos os projetos" (PMI, 2013, p. 137).

5) Certo. A questão utiliza termos diferentes, mas está correta ao afirmar que, durante a iniciação de um grande projeto (consultoria), o gerente do projeto (consultor) elabora o termo de abertura (proposta de trabalho) e divide-o em fases (PMI, 2013).

## CAPÍTULO 3

Questões para revisão

1) A verificação de competências é fundamental para que o consultor compare o conjunto de habilidades, conhecimentos e competências exigido por um trabalho de consultoria e as características que detém, a fim de julgar se está apto ou não para exercer tal consultoria. Esse processo também é importante para que ele detecte as fraquezas em relação aos trabalhos de consultoria e identifique os pontos que precisa melhorar com maior ou menor urgência.

2) Um consultor pode fazer uso da estatística descritiva em sua pré-análise para conhecer e descrever melhor as características dos dados que utilizará durante a análise principal da consultoria. Ainda, pode recorrer à inferência estatística com o fito de extrair conclusões com base nos dados e orientar sua formulação de hipóteses e sua linha de investigação na análise principal, além de compreender o perfil de cada variável presente na base de dados.

3) e
Comentário: Justamente por se tratar de um ciclo, o PDCA se reinicia diversas vezes, repetindo as fases de planejamento (*plan*), ação (*do*), verificação (*check*) e correção ou controle (*act*) com vistas a alcançar a melhoria contínua dos processos em uma consultoria ou organização.

4) e
Comentário: A ferramenta da qualidade que se propõe a identificar e demonstrar os fatores-causadores de um problema é o diagrama de Ishikawa, também conhecido como *diagrama de causa e efeito* ou *diagrama espinha de peixe* (Lins, 1993).

**5) Certo**
Comentário: Quando se pretende listar as várias causas de um problema e identificar como isso ocorre, a ferramenta da qualidade adequada é o diagrama de Ishikawa.

## CAPÍTULO 4

Questões para revisão

1) As planilhas eletrônicas como o Microsoft Excel são mais limitadas em recursos para análise de dados do que *softwares* estatísticos e linguagens de programação. Além disso, frequentemente os microdados ultrapassam o limite dimensional de linhas e colunas suportado pelas planilhas eletrônicas, gerando falhas e travamentos em computadores menos sofisticados, o que inviabiliza o uso dessa ferramenta para a análise de dados, sobretudo de microdados.

2) O arquivamento de *scripts* é fundamental para organizar e preservar o passo a passo da análise de dados. Isso permite viabilizar possíveis alterações e correções pontuais, tornar esse processo mais claro e didático para terceiros e reproduzir o caminho trilhado para a obtenção dos resultados da consultoria.

3) **Errado**
Comentário: A questão apresenta características de uma pesquisa ou avaliação qualitativa (que é menos rígida, mais flexível e mais rica em detalhes), afirmando, porém, se tratar de uma pesquisa quantitativa (que é mais rígida, menos flexível, mais objetiva e focada em quantificações numéricas).

4) **Certo**
Comentário: A matriz GUT é utilizada para gerenciar o enfrentamento de problemas com base em uma abordagem que prioriza os critérios de gravidade (magnitude com a qual o problema afeta seus agentes passivos), urgência (extensão do prazo pelo qual o problema precisa ser amenizado ou solucionado) e tendência (possíveis cenários ou consequências da persistência do problema).

5) **Certo**
Comentário: O KPI serve justamente para medir, monitorar e avaliar o desempenho de um ou mais processos, produtos, ações, entre outros elementos importantes no contexto de uma organização ou uma atividade.

# CAPÍTULO 5

Questões para revisão

1) Por se tratar de observações de dados com valor muito acima ou muito abaixo da média do conjunto total de observações de dados, os *outliers* podem elevar ou reduzir a média total dos dados e distorcer as conclusões de uma análise. No caso de uma regressão entre a variável renda e a variável anos de escolaridade, por exemplo, um *outlier* poderia ser um indivíduo com baixa escolaridade e alta renda, sendo uma possível exceção incomum a um padrão de correlação positiva entre a escolaridade e a renda.

2) Por não lidar com valores verdadeiros, observados ou conhecidos, toda estimativa tem um maior ou menor grau de precisão. Desse modo, o intervalo de confiança evidencia os limites máximo e mínimo entre os quais a estimativa se encontra e pode oscilar: quanto menor é a distância entre os limites de um intervalo de confiança, mais precisa é a estimativa em questão.

3) Certo
   Comentário: A amostragem aleatória simples exigiria que o pesquisador coletasse informações de celas de várias unidades espalhadas pelo país sob uma seleção aleatória. Já sob a amostragem por conglomerados, o pesquisador poderia coletar os dados de uma amostra de apenas uma unidade, economizando assim recursos principais (de transporte, viagem, locomoção) e secundários (alimentação, estadia etc.).

4) Certo
   Comentário: População acessível é o conjunto de elementos que compõem a amostra utilizada, a partir da qual se obtém informações a serem extrapoladas ou inferidas e atribuídas à população-alvo. População-alvo, por seu turno, é a população não acessível, pois compreende o conjunto total de elementos de interesse, o que inviabiliza uma pesquisa com cada um individualmente (censo) (Barbetta, 2012).

5) Errado
   Comentário: A amostragem por cotas não é uma técnica probabilística, pois não compreende uma amostra aleatória. Nesse tipo de amostragem, os elementos observados são selecionados por meio de cotas cujos critérios são estabelecidos pelo próprio consultor. São exemplos de amostragens não probabilísticas a amostragem intencional, a amostragem por cotas e a amostragem por acessibilidade.

# CAPÍTULO 6

Questões para revisão

1) Ao longo de uma consultoria, o consultor utiliza ou desenvolve uma ou mais bases de dados, que contêm diversas variáveis. Portanto, o consultor precisa elaborar e manter um dicionário ou outro tipo de documento passível de ser consultado por ele ou por outrem a fim de identificar o que cada variável representa, como representa e como foram mensuradas.

2) O consultor precisa estabelecer hipóteses iniciais sobre os resultados de sua análise por dois motivos: (1) a existência de uma ou mais hipóteses pode orientar o processo iterativo (tentativa e erro) de análise de variáveis e suas relações; e (2) as hipóteses funcionam como perguntas que orientam o trabalho e que devem ser respondidas com base nos resultados obtidos pela consultoria, tanto para confirmá-las como para rejeitá-las.

3) Errado
Comentário: Por mais que o emissor de uma mensagem (consultor em uma apresentação final de consultoria, por exemplo) se empenhe em fazer uma comunicação eficaz, ele não tem uma garantia da inteligibilidade do receptor. Além disso, a qualidade do processo de decodificação da informação depende do receptor da mensagem, a qual está sujeita ao bloqueio de barreiras na comunicação.

4) Certo
Comentário: O emissor de uma mensagem deve utilizar linguagem clara e adequada ao contexto de sua comunicação, enquanto o receptor deve prestar atenção à mensagem do emissor e dispor de preparo para usufruir do conhecimento transmitido. Como descreve o enunciado da questão, em um cenário oposto, a compreensão do receptor seria comprometida.

5) Certo
Comentário: A falta de disposição para ouvir, desatenção e reação apressada são fatores prejudiciais à qualidade de uma comunicação entre emissor e receptor (consultor e consulente). Tais fatores também podem ocorrer em função do emissor (excesso de informações, linguagem inadequada, despreparo etc.) e/ou pelo próprio processo de comunicação (disparidade intelectual, ausência de intersecções de conhecimento etc.).

# Sobre o autor

**Walcir Soares da Silva Junior**, mais conhecido como Professor Dabliu, é doutor em Desenvolvimento Econômico pela Universidade Federal do Paraná (UFPR) com doutorado-sanduíche pela University College London (UCL) Institute of Education (IOE), mestre em Desenvolvimento Econômico pela mesma instituição e especialista em Ciência de Dados e Big Data Analytics pela Faculdade Metropolitana de São Paulo. Prestou consultorias estatísticas quantitativas e qualitativas em avaliação de políticas públicas para instituições como a Secretaria de Justiça, da Família e do Trabalho (Sejuf) e o Instituto Paranaense de Desenvolvimento Econômico e Social (Ipardes). Tem mais de 12 anos de experiência como professor universitário, no ensino da teoria econômica e de disciplinas como Econometria e Técnicas de Pesquisa em Economia e Ciência de Dados. É economista-cientista e professor da Universidade Positivo, da Faculdade de Educação Superior do Paraná (Fesp) e da FAE Centro Universitário.

Portfólio profissional: http://dabliu.work
Currículo Lattes: http://lattes.cnpq.br/2785763053868994

Os papéis utilizados neste livro, certificados por instituições ambientais competentes, são recicláveis, provenientes de fontes renováveis e, portanto, um meio responsável e natural de informação e conhecimento.

Impressão: Reproset
Junho/2023